U0568196

唐陈元通夫妇墓

靳维柏　郑　东　主编

厦门文化遗产保护中心　编著

文物出版社

北京·2016

图书在版编目（CIP）数据

唐陈元通夫妇墓 / 靳维柏, 郑东主编；厦门文化遗产保护中心编著.
-- 北京：文物出版社, 2016.7
ISBN 978-7-5010-4602-7

Ⅰ.①唐… Ⅱ.①靳… ②郑… ③厦… Ⅲ.①合葬－墓葬（考古）
－研究－厦门市－唐代 Ⅳ.①K878.84

中国版本图书馆CIP数据核字（2016）第119108号

唐陈元通夫妇墓

主　　编：靳维柏　郑　东
编　　著：厦门文化遗产保护中心

责任编辑：冯冬梅
封面设计：程星涛
责任印制：梁秋卉

出版发行：文物出版社
社　　址：北京市东直门内北小街2号楼
邮　　编：100007
网　　址：http://www.wenwu.com
邮　　箱：web@wenwu.com
经　　销：新华书店
印　　刷：北京鹏润伟业印刷有限公司
开　　本：889mm×1194mm　1/16
印　　张：7.5
版　　次：2016年7月第1版
印　　次：2016年7月第1次印刷
书　　号：ISBN 978-7-5010-4602-7
定　　价：198.00

本书版权独家所有，非经授权，不得复制翻印

序

　　厦门地处我国东南沿海，历来同国内及国外不同谱系文化进行碰撞交流与融合。在五口通商之后成为海外贸易的重要口岸，较早地接受了西方的现代文明，华侨资本的投入使厦门较早地享受到了现代工业的成果，地理位置又使厦门成为经济特区、改革开放的前沿。文化交融推动厦门的进步，也是历史与文化的一个重要特征。

　　中国内陆地区的文明发展程度在时间上早于沿海地区，厦门岛的开发则迟至唐代中叶，此次发掘出土的年代最早、有明确纪年的唐陈元通夫妇墓，对研究厦门的历史有重要意义。

　　陈喜是陈元通的祖父，其家族是最早迁入和开发厦门岛的家族之一。陈元通生于唐建中二年（781年），曾任余干、南昌（今江西余干、南昌）县尉，后转为歙州（今安

2010 年 12 月，张忠培先生（中）在北京住所与作者合影

徽歙县）司马参军，再后，迁任婺源（今江西婺源）县令，唐大中九年（855年）卒于厦门岛家中。陈元通官阶虽低，却是当时少数厦门籍外出任官的人士之一。

唐陈元通夫妇墓的墓室形制规格较高，保存完整，反映了唐代建筑典型的风格和特点，出土的银鎏金摩羯纹多曲碗、银盏、银则、银笄、银筷、银冠饰等，图案精美，錾刻技艺高超，是唐代经济、文化高度发展的结晶，随葬的长沙窑褐绿彩双系罐、邢窑白瓷碗与厦门窑青釉瓷器体现了南北文化的交流和融汇，出土的墓志是厦门最早的铭刻。

《唐陈元通夫妇墓》的出版，是福建省唐代考古重要成果，是厦门的第一本考古发掘报告，为研究厦门历史提供了珍贵资料，希望厦门的考古工作者继续努力，发现更多的考古遗存，做好文物保护和发表更多的考古报告。是以为序。

中国考古学会理事长　张忠培

2012年2月12日于小石桥

目　录

插图目录

第一章　绪　言

第一节　地理环境与历史沿革

一　地理环境

厦门市位于福建省南部，由厦门岛、鼓浪屿和与厦门岛隔海相望的北岸、西岸大陆组成，陆地面积 1640.2 平方千米，海域面积 300 多平方千米。其中，厦门岛东西长约 11.5、南北长约 13.5 千米，面积约 128 平方千米。地理坐标为北纬 24°25′~24°54′，东经 117°53′~118°25′。

根据 2011 年 6 月 10 日公布的《厦门市 2010 年第六次全国人口普查主要数据公报》显示，截止到 2010 年 11 月 1 日，厦门市常住人口 3531347 人，其中，男性人口 1832194 人，占总人口的 51.88%；女性人口 1699153 人，占总人口的 48.12%。城镇人口 3119413 人，占总人口的 88.33%；乡村人口 411934 人，占总人口的 11.67%。具有本省外市户籍的迁入人口 821517 人，占总人口的 23.26%；具有外省户籍的迁入人口 1023769 人，占总人口的 29%；本市户籍人口 1686061 人，占总人口的 47.75%。

厦门市现设思明、湖里、海沧、集美、同安、翔安 6 个区，其中，思明区、湖里区位于厦门岛及鼓浪屿，海沧、集美、同安、翔安 4 个区位于福建沿海大陆，与厦门岛隔海相望。

厦门市东临泉州市，西临漳州市，西、北以低矮丘陵的分水岭与漳州市、泉州市分界，最高峰为云顶山，海拔 1175 米。厦门市境内最高峰为大尖山，海拔 1110 米。主要河流有过芸溪、苎溪、后溪、上陵溪、莲花溪、澳溪、汀溪、西溪、东溪、茂林溪、内田溪等。年平均气温 21.2℃，年极端最高温度 38.4℃，年极端最低温度 2℃，年降水量 1432.2 毫米，无霜期 326 天。厦门区域海水表层年最低温度 10℃，最高温度 31.5℃，年平均温度 20.7~21.6℃。

厦门市西北背靠大陆，东南面向海洋，地处北回归线偏北约 1°，位于欧亚大陆的东南缘，受海洋影响较为显著，属亚热带海洋性季风气候。夏季长而无酷暑，秋春相连而无冬，全年几乎均为无霜期，气温变化不显著。风向变化明显而稳定，夏季偏南风而暖湿，冬季偏北风而干冷。

鼓浪屿，位于厦门岛西南，隔海（当地称为"鹭江"）与厦门市区相望。地理坐标为北纬

24°26′20″~24°27′26″，东经118°03′07″~118°04′21″，面积1.89平方千米。鼓浪屿由距今1.08亿年的燕山晚期中粒花岗岩组成，是一座大陆岛，属于猴屿—大屿—鼓浪屿岛群，与厦门岛东南部为同一岩体。燕尾山、笔架山、鸡母山、龙头山、英雄山、浪洞山、升旗山形成岛上的主脉。岛上的7个山头及海岸带均有巨型球状花岗岩分布，如日光岩、鸡母石、面包山、覆鼎岩、关刀石、驼背石（剑石）、印斗石、鹿耳礁等，其中，日光岩（亦称晃岩）为全岛最高点，海拔92.68米。

二　历史沿革

根据目前的考古发现证实，在旧石器时代末期，厦门地区就已经有人类活动，厦门岛也发现有商周时期的多件石器。晋太康三年（282年），中央政府开始设治管辖，唐代中叶以后，厦门岛开始较大规模的开发。民国以后，由于历史和地缘上的关系，厦门岛与鼓浪屿等数个岛屿曾经演变成为独立的行政单位，民国期间，析大金门岛、小金门岛、大嶝岛和小嶝岛设金门县。而今，厦门市在大陆沿海的行政区域多为过去的同安县所辖，1912年以前，厦门一直隶属于同安县。

同安县，晋太康三年（282年）置，属晋安郡，后并入南安县。唐贞元十九年（803年）析南安县西南四乡设大同场。五代后唐长兴四年（933年）升格为同安县，隶属泉州。宋属清源军、平海军、泉州，元属泉州路，明属泉州府。

厦门岛，据泉州出土的《唐许氏故许氏陈夫人墓志》记载，唐至德至贞元年间（756~805年）称"新城"；据厦门此次出土的唐《故奉义郎前歙州婺源县令陈公墓志铭并序》记载，唐大中年间（847~860年）称"嘉禾里"。宋称"嘉禾里"、"嘉禾屿"，属泉州府同安县管辖。宋嘉祐三年（1058年），开始在岛上驻军设防。元至元年间（1264~1294年），元世祖忽必烈在厦门岛设立军政合一的"嘉禾千户所"。元末明初，倭寇、海盗屡犯沿海地区，为加强海防，明政府于洪武二十七年（1394年）设永宁卫中左守御千户所，筑城于厦门岛西南部，下辖东澳、五通两寨。自此，中左所、厦门开始载入典籍。清顺治四年（1647年），郑成功驻军鼓浪屿，七年（1650年），又据厦门岛，十二年（1655年），置思明州。清康熙二十二年（1683年），福建水师提督署移驻厦门，同年以台湾府合厦门置台厦兵备道于厦门，二十五年（1686年），以泉州府同知分防，设厦门厅。清雍正五年（1727年），台厦道撤废，兴泉道自泉州移驻厦门建署，辖兴化、泉州两府，十二年（1734年），加辖永春州，称兴泉永道。清乾隆三十二年（1767年），加授海防兵备衔，称"福建分巡兴泉永海防兵备道"。

关于厦门的地名从出现到形成再到确定，其顺序是先有"中左所"，后有"厦门"，然后才有"鼓浪屿"。今天的厦门岛因明代设立"中左守御千户所"而得名，"中左所"即代表厦门岛，从文献和历史地图可以看到这个变化的过程，明正德七八年间（1512~1513年）的《扬子器跋舆地图》首先出现"中左"的标注。明万历二十年（1592年）的《福建海防图》中，则标注"中左所即厦门"。在此前后的地图中间或出现"中左"、"中左所"或"厦门"的标注。在清康熙二十二年（1683年）《福建沿海图》中，将中左所与厦门分别标注，对比地图标注的相对位置，并参照实地调查和文献记载考证，当时的厦门位于"中左所城"南门和东门外，即今镇海路以西至中山路、大同路一带。这一地名的变化是因为"中左所城"军事地位逐渐降低，作为城防的功能和作用减弱，而随着城内及周边地区居民、工商业、寺庙、书院等日益增多，民居、文化和工商业等城市功能的提高，"中左"、"中左所"的称谓逐渐被"厦门"所取代，并作为整个岛的名称固定下来。

鼓浪屿，宋元时称"圆沙洲"，明代始称鼓浪屿。清顺治四年（1647 年），郑成功驻军鼓浪屿训练水师。清初，设鼓浪屿澳，为厦门五大澳之一。清康熙二十三年（1684 年），厦门设立闽海关"通洋正口"，鼓浪屿为其下的三个青单小口之一。1842 年 8 月 29 日，清政府签定了中英《南京条约》，翌年 11 月，辟厦门为通商口岸。1862 年 3 月，西方列强在鼓浪屿设立海关税务司。1902 年 1 月，清政府签定《厦门鼓浪屿公共地界章程》和《续订公地条约》，并于翌年成立由各国领事团控制的工部局，鼓浪屿成为"公共地界"，实际上是列强国家不交租金的"公共租界"。太平洋战争爆发后，日军占领鼓浪屿，抗日战争胜利后，1945 年 10 月 17 日，鼓浪屿回归祖国。1949 年新中国成立后，设鼓浪屿区。2003 年撤销建制，划归思明区。民国元年（1912 年），曾析同安县嘉禾里（厦门）和大金门、小金门、大嶝、小嶝 4 个岛屿置思明县，同年升思明府，旋废。1915 年，析大金门、小金门、大嶝、小嶝 4 个岛屿设金门县，同年置南路道。1935 年，国民政府行政院批准设立厦门市，4 月 1 日，厦门市政府成立。

1937 年 7 月 7 日，抗日战争爆发，翌年 5 月 13 日厦门沦陷。1945 年 8 月抗日战争胜利，10 月 4 日恢复厦门市建制。

1949 年 10 月 17 日厦门解放，10 月 21 日成立厦门市人民政府。1950 年 10 月，厦门市设开元、思明、鼓浪屿、禾山、厦港（后废）5 区。1953 年，同安县集美镇划归厦门市辖。1958 年，同安县划归厦门市辖。1966 年，开元、思明区更名为东风、向阳区，1979 年恢复原名。1970 年，同安县划归晋江专区，1973 年复归厦门市，1978 年设杏林区，1987 年设湖里区，郊区改为集美区，1996 年同安撤县设区。2003 年撤开元、鼓浪屿、杏林区，增设海沧、翔安区。至此，厦门市辖有思明、湖里、集美、海沧、同安、翔安 6 个区。厦门市现为副省级城市，5 个非省会城市计划单列市之一。

第二节　工作经历

一　发掘经过

陈元通夫妇墓位于厦门市湖里区禾山街道办事处后坑居委会后院埔小山坡上（原禾东路北侧路旁，现仙岳路与金尚路交叉口东侧、仙岳路东西方向两条车道的中间），地理坐标为北纬 24°30.088′，东经 118°8.746′（图一）。1961 年由厦门市人民政府公布为第一批市级文物保护单位，1982 年又予以重新公布，2001 年由厦门市人民政府公布为厦门市涉台文物古迹。2004 年 12 月底至 2005 年 4 月中旬，为配合厦门市仙岳路的改造工程，经批准，由厦门文化遗产保护中心进行了抢救性考古发掘。

陈元通夫妇墓为双穴双冢龟背形封土墓，坐北朝南，两座墓冢相距约 10 米，西侧墓冢靠前，东侧墓冢较西侧墓冢错后约 2 米，两座墓葬之间略偏西处有大榕树一棵。墓区占地面积约 120 平方米。

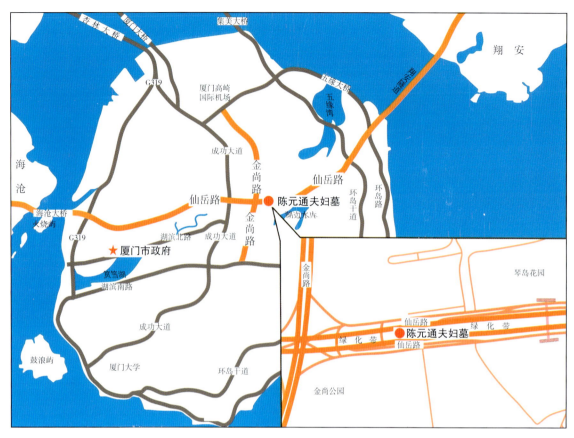

图一　陈元通夫妇墓地理位置图

为加强对墓葬的保护，1987 年，市文物主管部门修建了东西长 22、南北长 17 米的砖砌围墙，占地面积约 374 平方米。

东侧一座封土长 6、宽 4.51、高 0.8 米，墓碑为花岗岩质，碑首为圆弧形，墓碑高 133、宽 90、厚 20 厘米，镌刻行楷书字"唐上柱国陈公茔"、"同治癸酉年（1873 年）重修"、"派下裔孙 采 廷芸 允彩 宗凯 丹诏 德圭 为山"（图二），墓前有长宽均 20、高 30 厘米的小石柱一对。西侧一座封土长 5、宽 3.5、高 0.7 米，墓碑为花岗岩质，倭首，高 139、宽 90、厚 20 厘米，镌刻行楷书字"大唐赐进士出身陈公封茔"、"派下裔孙 采 廷芸 允彩 宗凯 丹诏 德圭 为山　等全勒石"（图三）。在两座墓葬之间立有一通略小的长方形石碑，高 90、宽 60、边厚 16 厘米，镌刻楷书"唐福唐令陈公茔"，据调查，此碑系从墓地西面小东山搬移至此，不属于该墓区内的原物。

仙岳路改造工程方案确定后，原定将墓葬迁往石头皮山，因此，在工程开始前后，厦门市文物主管部门一直在与建设单位和陈氏宗亲及有关部门就墓葬迁址问题进行协调。及至 2004 年 12 月中旬，文物主管部门最后决定对墓葬进行抢救性发掘时，墓葬围墙外四周的公路均已建设完毕，墓区成为一座孤岛，省、市文物主管部门将发掘任务交给了于 2004 年 11 月刚刚成立的厦门文化遗产保护中心，而且要求在短期内尽快完成，以保证建设工程的进度。受厦门市市政工程建设总公司的委托后，抢救性发掘工作随即开始进行。

图二 "唐上柱国陈公茔"墓碑

图三 "大唐赐进士出身陈公封茔"墓碑

发掘工作分为两个阶段，第一阶段自 2004 年 12 月 24 日开始，为加快发掘进度，元旦期间也未休息，由于发掘过程中受到干扰，为确保文物安全，在绘图和拍照结束后，迫不得已于 2005 年 1 月 10 日当晚将墓葬中的出土文物抢运回厦门文化遗产保护中心的文物库房，发掘工作暂停，发掘共进行了 17 个工作日。第二阶段自 2005 年 4 月 9 日开始，至 4 月 29 日发掘工作基本结束，共 21 个工作日。而由于墓室的结构相当复杂，绘图工作一直持续到同年 6 月。

此次抢救性发掘，首先对墓区围墙内进行了考古钻探，确定地下保存有两座墓葬，未发现地下有其他遗迹现象。发掘共清理两座墓葬，按墓葬发掘的左右和时间顺序，将西侧一座墓葬编号为 M1，将东侧一座墓葬编号为 M2。

发掘工作结束后，对出土文物和资料的整理工作陆续进行，珍贵文物的技术保护和修复分别由中国文化遗产研究院和西安文物保护修复中心进行，中国文化遗产研究院还对银器的金属成分以及棺钉结构进行了分析。

未发掘之前，根据墓葬地表上清代同治癸酉年（1873 年）重修时所立墓碑的内容，以及南院派陈氏族谱记载，该墓葬一直被认定为"陈喜墓"，但是，两座墓葬的碑文分别为"唐上柱国陈公茔"、"大唐赐进士出身陈公封茔"（参见图二、三），又都是同一个人，对此一直无法解释。据族谱记载，陈喜为南院派系陈氏七世祖，曾任开封府仪同三司上柱国，是唐代开发厦门的"南陈北薛"两大家族中的陈氏第三代。但是，为什么是两座墓冢，是衣冠冢还是空墓，或者是地下根本就没有墓葬，无论是陈氏后裔宗亲还是地方史研究者，众说纷纭，莫衷一是。经过此次发掘，根据墓葬中出土的墓志铭证实，两座墓葬的主人分别为陈元通和夫人汪氏，陈元通为陈喜之孙。在福建省目前发现的唐代墓葬中，这两座墓葬的墓室规模最大，结构最为复杂，出土文物的等级最高，品种、数量最为丰富，墓主的身份、年代明确，是福建省唐代考古中迄今为止最重要的收获之一。

二　工作人员

此次发掘工作由厦门文化遗产保护中心靳维柏主持，参加发掘的工作人员有厦门文化遗产保护中心郑东，另外请厦门市博物馆林元平、厦门大学历史系考古专业吴小平以及考古专业的部分学生参加协助发掘。现场墓室绘图由厦门大学历史系考古专业的部分学生进行，郑东进行了室内清绘。器物图由武夷山市博物馆赵兰玉和厦门文化遗产保护中心郑东绘制，其中，银鎏金摩羯纹多曲碗由中国社会科学院考古研究所西安唐城队李振远绘制，墓葬位置示意图由厦门文化遗产保护中心王蒙绘制，墓志铭拓片由厦门市博物馆苏梦飞制作。

墓中出土的两块墓志铭《故奉义郎歙州婺源县令陈公墓志铭并序》和《唐故歙州婺源县令陈府君夫人墓志铭并序》，由靳维柏、郑东初读，疑难字句由厦门大学历史系主任刘钊教授辨识并对全篇进行了句读。

出土的银质文物由中国文化遗产研究院进行了检测分析和技术保护，对铜棺钉的制作工艺进行了分析。

第二章　墓葬结构

第一节　墓　坑

1. M1

长方形土坑竖穴，南北长 7.7~7.9、东西长 2.6~2.8、深约 3.5 米。坑内正中为长方形券顶砖室墓，墓室顶部距地表约 1.3 米，距封土堆最高点约 2 米，封门墙顶部距地表约 0.3 米（图四）。墓门距墓坑前壁约 1~1.2 米，墓室东、西、北三面距坑壁约 0.3~0.4 米。墓坑四壁和底部为细腻的红色黏土生土层，坑内为红色略泛黄的墓葬回填五花土，上层回填土较松软，分布着许多蚁穴空洞（图五），并有少量榕树根系延伸到墓室内。受四周围墙、南北两侧公路及中央大榕树影响，发掘范围未能扩大。

2. M2

形制与 M1 基本相同。长方形竖穴，南北长 7.4~7.6、东西长 2.9~3.1、深约 3.9 米。坑内正中为长方形券顶砖室墓，墓室顶部距地表约 1.8 米，距封土堆最高点约 2.7 米，残缺的封门墙顶部距地表约 1 米。墓门距墓坑前壁约 1~1.2 米，墓室东、西、北三面距坑壁约 0.3~0.4 米。墓坑四壁和底部为细腻的红色黏土生土层，坑内回填红色略泛黄的

图四　M1 墓碑之下显露的封门墙顶部

图五　M1 墓冢表土层中的蚁穴空洞

墓葬五花土，上层土壤中分布着少量蚁穴空洞，并有榕树根系延伸到墓室内。受四周围墙、两侧公路限制及大榕树影响，发掘范围未能扩大。紧临墓碑后壁正中的封土堆有一个早年已被回填的盗洞。盗洞呈上大下小的漏斗形，打穿墓室封门墙的后部，直达墓室顶部，深约1.8、洞口直径约1~1.2、底部直径约0.6~1米。盗洞口堆填着撬挖墓室翻上来的砖块（图六），其下是厚约0.9米的回填土层，因土层较松软密布蜂窝状蚁穴空洞（图七），乱土中发现"开元通宝"、"乾元重宝"铜钱各一枚（图八）和邢窑白釉碗底碎片一块（图九）；盗洞最下部以乱砖封堵砖砌墓室顶部的盗洞口（图一〇），盗洞口略呈正方形，边长约0.4~0.45米（图一一）。

图六　M2盗洞口回填的乱砖

图八　M2盗洞出土铜钱两枚

图七　M2盗洞回填土中的蚁穴空洞

图九　M2盗洞回填土中出土白釉碗底瓷片

图一○ M2 墓室盗洞口填堵情形　　　　　图一一 M2 墓室盗洞口（清理后）

第二节 墓室形制

1. M1

坐北朝南偏东，方向 340°，为白灰浆砌筑的砖室结构。从前向后由封门墙、墓门、墓室、棺床、墓尾壁龛及两侧墓壁上的 10 个壁龛组成。墓室外观呈直壁券顶形，墓尾外凸一小方台。墓室外部通长 6.4、宽 1.86~2、墓顶高 2.14~2.2、含封门墙通高 3.25~3.27 米（图一二～一五）。墓室内部通长 5.72、宽 1.36~1.42、高 1.83 米，地面平铺一层方砖。

（1）封门墙

封门墙以长方砖砌筑，隔层顺丁交替、错缝平铺，其中使用少量楔形砖、扇形砖。墙体呈纵长方形，分上下两段，通高 3.25~3.27 米（图一六）。

下半段墙体宽 1.35~1.45、厚 0.33~0.35、高 2.05~2.1、顶端高于墓室顶部 0.1 米（图一七）。底部为夹杂白灰点的红色夯土层地基，与墓室砖砌门槛处于同一平面。墙体中部、距地表 0.44 米处夹砌一块文字砖，刻写烧砖者姓氏等内容。

上半段墙体较下半段墙体后缩约 0.26 米，形如长方形碑体，下厚上薄，宽度同于下半段，整体高于墓室顶部，宽 1.35~1.45、厚 0.17~0.65、高 1.16 米（图一八）。

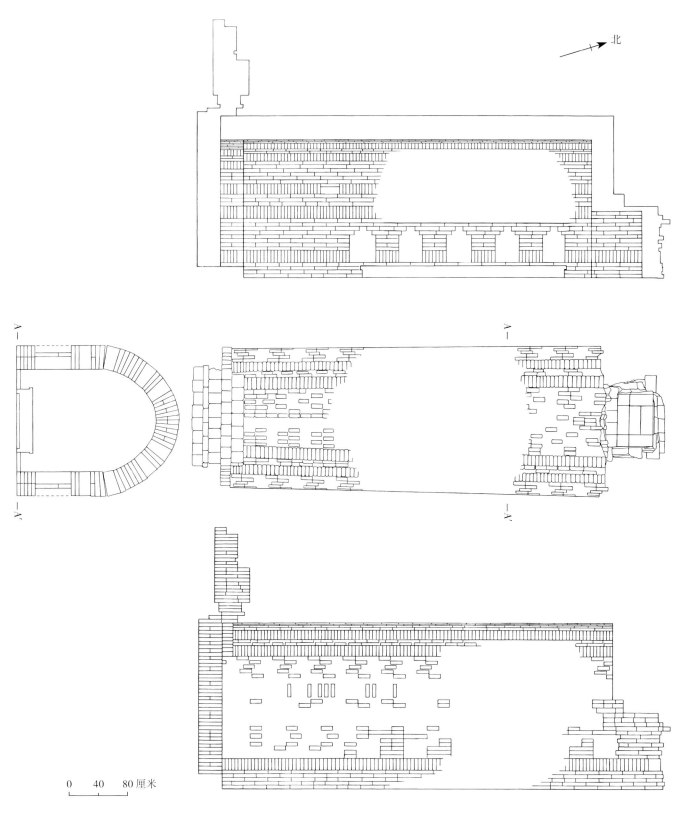

图一二　M1 墓室平、立、剖面图

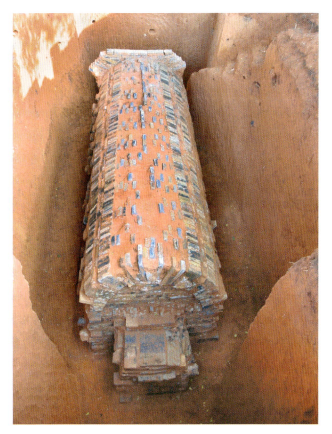

图一三　M1 墓室（从北向南）

图一四　M1 墓室（封门墙未拆前）

图一五　M1 墓室（封门墙拆除后）

（2）墓门

墓门为长方形券顶。门框以长方砖交替平铺、纵砌，券顶以楔形砖、扇形砖纵横交替呈扇形砌建，门槛由三层方砖叠砌，内侧高于墓室地面 0.16 米，外侧与封门墙底部的夯土地面齐平，门洞宽 1.03~1.06、高 1.6~1.62、进深 0.32 米（图一九）。

（3）墓室

外部为半圆柱体，平底直壁券顶，外表砖缝呈有规律的凹凸不平（图二〇、二一），长 5、宽 1.96~2.4、高 2.14~2.2 米。室内立面为长方形券顶，平面略呈前窄后宽，长 4.7、宽 1.36~1.42、高 1.83 米。室内左右两侧墓壁直立，距地面 1.1 米处起券。墓壁以长方砖错缝平铺为主，从下向上每隔数排平砖之间竖砌一列长方砖；半圆形券顶以楔形砖、扇形砖及长方形砖纵横交替、叠涩

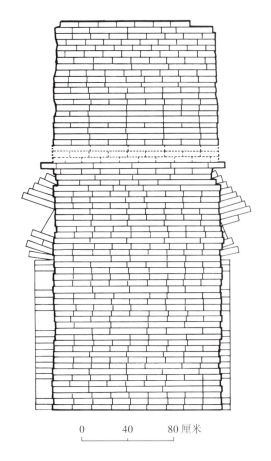

0   40   80 厘米

图一七　M1 墓室封门墙下半段横断面

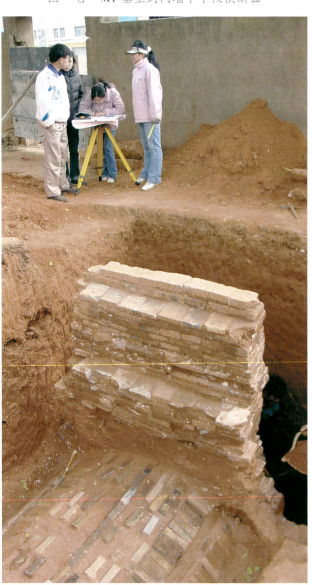

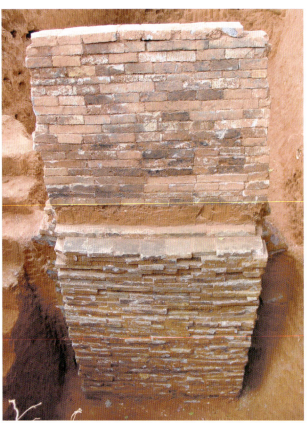

图一六　M1 墓室封门墙

图一八　M1 墓室封门墙上半段背面

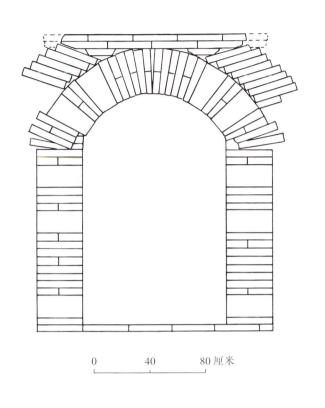

图一九　M1 墓门

图二〇　M1 墓室顶部表面砖缝

图二一　M1 墓室侧面表面砖缝

砌成，券顶半径 0.68~0.71 米（参见图一二）。

　　墓室内东、西两壁下部各有 5 个对称的尖首长方形小壁龛，距地面 0.2 米。壁龛宽 0.32~0.33、高 0.46~0.48、深 0.16~0.17 米（图二二～二四）。

　　墓室内西壁前部上方、距墓底 1.1 米处有一长方形小壁龛，宽 0.26、高 0.14、深 0.16 米（图二五）。

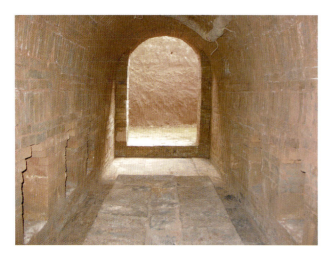

图二二　M1 墓室内部（从后向前）

图二三　M1 墓室内部（清理后）

图二四　M1 墓室西侧壁龛

图二五　M1 墓室西壁上方小壁龛

图二六　M1 墓尾壁龛外部

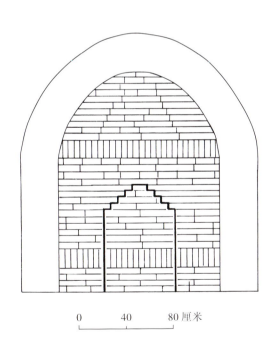

0　　　40　　　80 厘米

图二七　M1 墓尾大壁龛

（4）墓尾壁龛

外表呈凸出的低矮方形小平台，长 1~1.1、宽 0.7~0.8、高 0.75~0.85、距墓顶 1.2 米（图二六）。内部空间为落地大壁龛，立面为尖首长方形，宽 0.62、高 0.88、深 0.7 米（图二七）。

2. M2

坐北朝南偏东，基本上与 M1 平行，方向 330°。M2 整体构造、形制与 M1 基本相同，墓体略大，墓尾外凸呈半圆形。从前向后由封门墙、墓门、墓室、棺床、墓尾壁龛组成，外部通长 6.1、宽 2.1~2.28、高 2.5、含封门墙残高 2.9 米，内部空间通长 5.47、宽 2.1~2.18、高 2.1 米（图二八～三〇）。地面平铺一层方砖，墓室前端靠近墓门的顶部有一盗洞（图三一）。

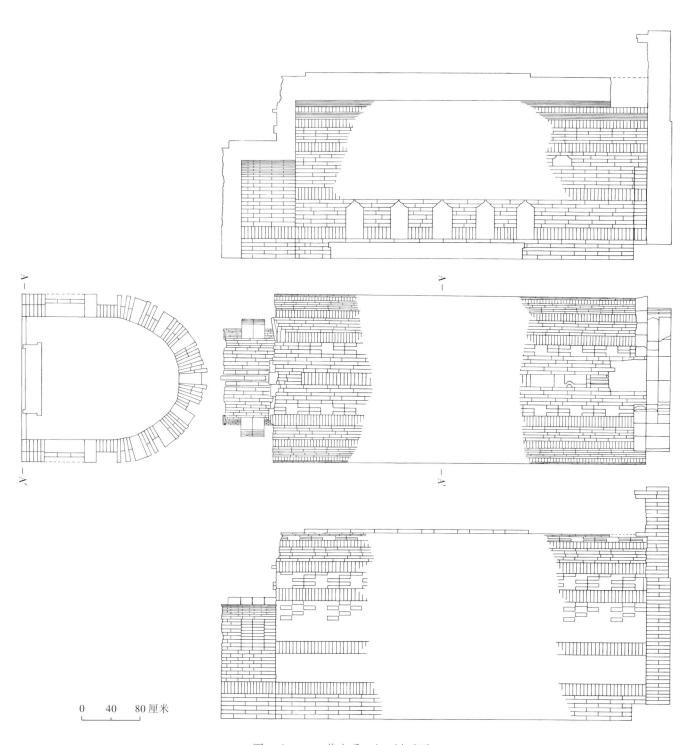

0　　40　　80厘米

图二八　M2 墓室平、立、剖面图

图二九　M2 墓室（从东北向西南）

图三〇　M2 墓室（从南向北）

图三一　M2 墓室盗洞（从内向外）

（1）封门墙

封门墙以长方砖封砌，隔层顺丁交替、错缝平铺，其中使用了少量楔形砖、扇形砖。墙体立面呈纵长方形，正面处于同一平面，券门上有一横向的半圆形夯土层，将墙体隔为上下两段，土层厚0.1~0.15米。墙顶及中部因挖掘盗洞而缺失，东侧残高2.38、西侧残高2.9米（图三二）。

下半段墙体呈圭首长方形，宽1.74~1.8、厚0.33~0.35米，上部因挖掘盗洞略有缺失，残高2.12米。墙底基础为夹杂白灰点的红色夯土层，墙体最底部一层砖与墓室门槛处于同一平面。墙体东端距地表1.9米处夹砌一块文字砖（图三三），刻写内容为建造墓葬年代等。

上半段墙体宽于下半段墙体，砌于券门之上，纵剖面下厚上薄，宽2.1、厚0.35~0.71，顶部和中部缺失，残高1.2米。

（2）墓门

墓门呈长方形券顶。因门顶上挖掘盗洞，使两侧门框上部被破坏，局部倒塌。门槛高于墓室内地面0.22~0.25米，上层平铺一层以方砖裁切成的长条形砖，宽度约为方砖的2/3，下层平铺三层长方砖。门洞宽1.08~1.1、高约1.9、进深0.18~0.23米（图三四）。

（3）墓室

墓室外部为直壁半圆形顶，呈前窄后宽，表面砖缝呈现有规律的凹凸不平，长4.8、宽2.1~2.28、高2.5米。室内空间正立面为长方形券顶，平面呈纵长方形，长4.52、宽1.64、高2.1米。左右墓壁直立，距

图三二　M2 墓室封门墙

图三三　M2 封门墙中发现文字砖位置

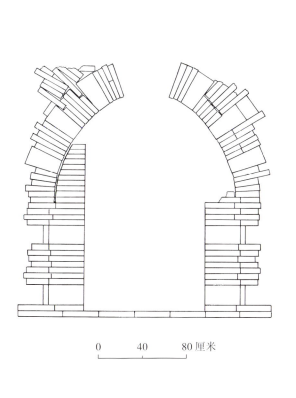

0　　40　　80厘米

图三四　M2 墓门

地表 1.24 米处起券。墓壁从下向上以长方砖错缝平铺，每相隔数排平砖再竖砌一列长方形砖；券顶以楔形砖、扇形砖和长方形砖纵横交替、叠涩成半圆形，半径约 0.82~0.85 米（图三五，参见图二八）。

墓室东、西两壁下部各有 5 个对称分布的尖首长方形小壁龛，壁龛宽 0.23~0.24、高 0.49~0.53、深 0.17~0.18 米（图三六）。

东壁前部上方距墓底 1.2 米处有一倭角长方形小壁龛，宽 0.26、高 0.14、深 0.17~0.18 米（图三七）。

图三五　M2 墓室内部券顶

图三七　M2 东壁壁龛和上方小壁龛

图三六　M2 墓室东壁壁龛

图三八　M2 墓尾壁龛外部

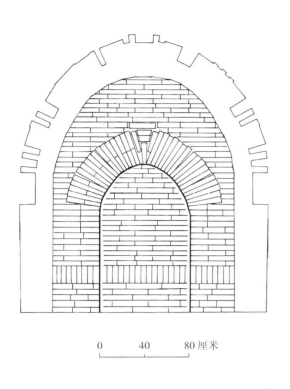

0　　40　　80 厘米

图三九　M2 后壁大壁龛

（4）墓尾壁龛

壁龛外表呈矮短的半圆体（图三八），表面砖缝凹凸不平，长1.3、宽0.8、高1.5、与墓顶相距0.9米。内部空间为落地券顶大壁龛，宽0.8、高1.34、深0.72米（图三九）。

第三节　棺　床

1. M1

M1棺床呈长方形，位于墓室中后部，嵌建于地面铺地砖中，高于地面，以平叠齐整的长方砖为基座（图四〇），基座四面围砌壶门纹长方砖（图四一）。床面除前部两端平铺方砖外，其余平铺对齐的长方砖和小半砖。床面四周出沿。棺床长2.8、宽0.86、高0.16、连地面下基座通高0.25米。棺床中轴线前、中、后各有一砖砌长方形二层台腰坑，腰坑长0.34、宽0.13~0.22、深0.14米（图四二、四三）。

图四〇　M1 棺床

图四一　M1 棺床侧面壶门纹长方砖

图四二　M1 棺床腰坑形制

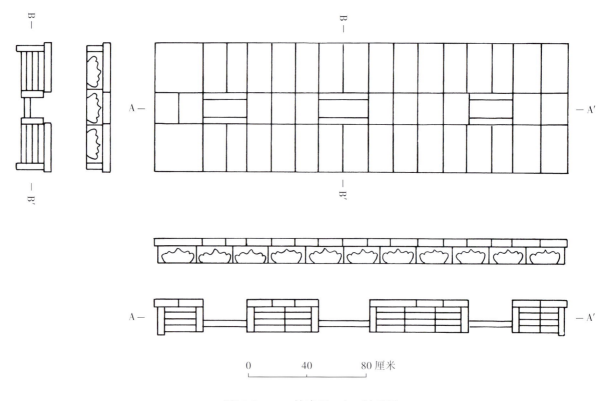

图四三　M1 棺床平、立、剖面图

2. M2

M2 棺床呈长方形，位于墓室中后部，嵌建于地面铺地砖中，高于地面，以平叠齐整的长方砖为基座，基座四面围砌壶门纹长方砖。床面平铺方砖，四周出沿。棺床长 2.63、宽 1、高 0.22、连地面下基座通高 0.26 米。棺床中轴线前、中、后各有一长方形腰坑，腰坑长 0.33、宽 0.15~0.18、深 0.18 米（图四四、四五）。

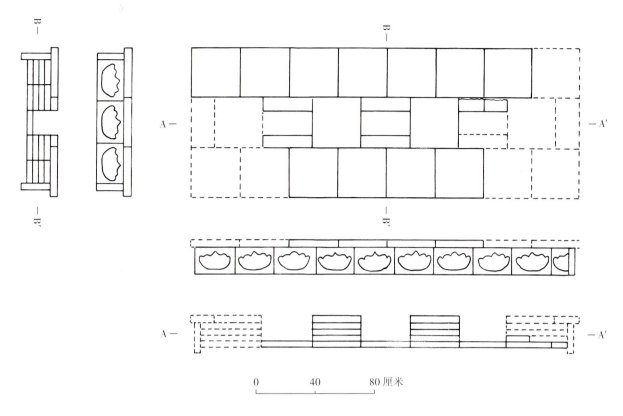

图四四　M2 棺床平、立、剖面图

第四节　墓室内遗迹及器物分布

1. M1

墓室内未被人为扰动（图四六），从墓顶砖缝向下延伸出一些榕树根系，盘虬于墓壁和墓底，最粗根系直径达 10 厘米。墓顶和墓壁上覆盖从砖缝渗入的红色细黏土，厚约 2~5 厘米，表面有弯曲蚁道。墓室地面堆积暗褐色淤泥和细沙土，并有渍水痕迹，棺床中、后部有墓顶掉落的沙球状蚁穴。墓室前部堆积的淤泥和沙土层较厚，达 20~40 厘米，棺床和后部淤泥层厚 10~20 厘米。淤泥层底部夹杂着散点状的白灰泥，厚 2~5 厘米，以棺床四周的白灰泥最厚。

墓室内葬具及尸骨基本腐朽无存，仅于墓室西北角淤泥中出土的棺钉旁伴有细长小木条，长 30、宽 1~3 厘米，为棺木残存遗迹（图四七），

图四五　M2 棺床（清理后）

图四六　M1 墓室内部（清理发掘前）

图四七　M1 棺木残片

图四八　M1 棺床后部发现带朱漆的土块

棺床后部淤土中发现粘附少量朱漆痕迹（图四八）。

　　墓室前部、棺床及棺床两侧地面较为集中地散布着 20 多枚棺钉和 200 多枚铜钱，6 枚装饰于棺木上的铜泡基本上散落于棺床两侧，兽面铜泡钉出土于东北角。棺床外东南角集中分布着银冠饰、银簪等。

　　随葬器物主要出土于棺床上和墓室后部。棺床的中腰坑旁分布着垮塌的 2 件破损盖罐，腰坑底部铺设一层薄铁皮，锈蚀呈细碎状（图四九）。后腰坑旁出土 1 件银碗和 1 件青釉盖罐，墓室后部出土青釉盖罐、白瓷碗及银盏、银匙、银筷各 1 件，尾部大壁龛角落集中堆放 4 个小瓷罐。墓室前部出土残断成数截的铁剪。墓室中前部西壁斜倚长方形墓志铭砖，字面朝外，表层覆盖一层黑褐色泥浆；上方小壁龛摆放 1 件长明灯青釉碗（图五○）。

2. M2

陈元通墓（M2）早年被盗，墓室内被扰乱和破坏（图五一）。墓室封门墙上半段和墓门顶部被破坏缺损，紧临墓门的券顶正中有一盗洞，墓门两侧门框上部受损坍塌。

墓室内地面和顶部盘虬众多榕树根系，墓顶及后壁大壁龛顶部可见少数楔形砖因年久松动略有脱落外凸。地面和棺床上暗褐色淤泥层厚 3~15 厘米，底层为白灰泥和黑色灰烬，以棺床和棺床四周较集中，厚 1~5 厘米；上层为红褐色淤泥。墓室内盗洞下方地面上堆积着掉落下的乱砖和泥土堆，直径约 0.8、高约 0.25 米。

棺床前部和后部被人为掀翻破坏。墓室后部是随葬品集中区域，摆放的陶瓷器皿被扰动和破坏，与乱砖、泥土相混杂，陶瓷器或散乱歪斜，或残破缺损，相互叠压，放置零乱；铁剪残断成数截，散落地面。墓室前部东壁上方的小壁龛内原来放置的长明灯青釉碗，被弃于东壁墙角（图五二）；盗洞下方有丢弃的破损铜镜一件（图五三）。

棺床上葬具及尸骸均已腐朽无存，棺床及棺

图四九　M1 中部腰坑出土铁皮碎片

图五○　M1 西壁墓志铭和上方小壁龛内的长明灯碗（清理发掘前）

图五一　M2 墓室中后部（清理发掘前）

图五二　M2 东壁小壁龛下弃置的长明灯碗（清理前）

图五三　M2 盗洞下方丢弃的铜镜

图五四　M2 墓室黑色地面和铜钱遗迹（清理后）

图五六　M2 墓志铭出土时的墨色碑面（局部）

图五五　M2 棺床腰坑内黑色灰烬

床旁地面较为集中地散布着 20 多枚棺钉和 200 多枚铜钱（图五四），原装饰于棺木上的 8 枚铜泡主要出土于棺床东侧。棺床三个腰坑内均堆积厚 5~8 厘米的黑色灰烬（图五五），居中腰坑底部出土小银锅 1 件。墓室内随葬器物除铜镜出自墓室前部外，主要出土于墓室后部，多为陶瓷器，有青釉四系罐、青釉双系罐、青釉罐、青釉碗；墓尾大壁龛内放置大型谷仓罐，器身自然开裂，盖纽脱落。

花岗岩墓志铭覆于棺床前，碑面朝下，表面涂黑墨，碑文字口白色（图五六）。

第三章　出土遗物

　　两座墓葬共出土随葬器物（含棺木上附件）62件，其中M1出土40件（图五七），有瓷器、铜器、铁器、银器等日常生活用具及银制首饰，还有铜钱、棺钉、墓志铭砖、刻字封门砖等；M2出土21件（图五八），有瓷器、铜器、银器等生活用具，还有铜钱、棺钉、墓志铭碑、刻字封门砖等。

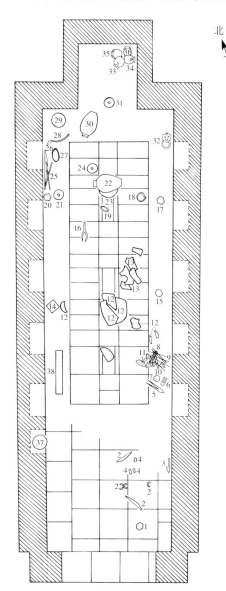

北

0　　40　　80厘米

图五七　M1出土遗物分布图

1、4（残）、7、15、17、20.铜泡　2.铁剪（残）　3.Ⅱ式尖首银钗　5.Ⅰ式尖首银钗　6.弧首银钗　8～10.双股形银钗　11.银冠饰（残）（其中银饰片6件、银枝条3枝）　12（残）、22、30.青釉盖罐　13.青釉罐（残）　14.铜镜　16.铜叉　18.银碗圈足　19.银盏圈足　21.罐盖　23.银碗　24.罐盖　25.银箸　26.棺木残片　27.银盏　28.银则　29.白釉碗　31.罐盖　32.兽面铜泡　33.Ⅰ式青釉双系小罐　34.Ⅲ式青釉双系小罐　35.Ⅱ式青釉双系小罐　36.褐绿彩双系罐　37.青釉碗　38.墓志铭砖

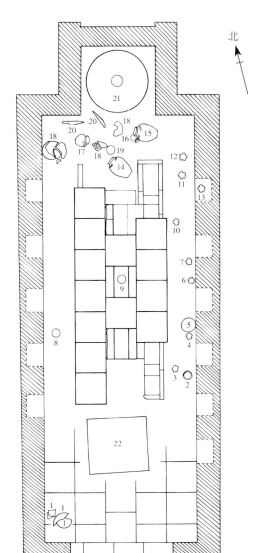

北

0　　40　　80厘米

图五八　M2出土遗物分布图

1.铜镜（残）　2.铜环　3、4、6、7、10~13.铜泡　5.青釉碗　8、9、19.小银锅　14、15、18（残）.青釉四系罐　16.青釉双系小罐　17.青釉双系小罐　20.铁剪　21.大陶仓　22.墓志铭碑

第一节　瓷　器

1. M1

10件。有青釉双系小罐、褐绿彩双系罐、青釉盖罐、青釉罐、青釉碗、白釉碗。

（1）青釉双系小罐

3件。分为3式。

Ⅰ式　1件（M1：33）。一侧口沿、肩部及直系略残缺。尖唇，小平沿，口微撇，短直颈，丰肩，鼓腹，最大腹径位于肩部，腹下部斜内收，小平底，肩部堆贴对称的双股直系。灰白胎，较粗松。施青釉近底，器内满釉。釉层薄，釉表有细小冰裂纹，垂釉痕明显，局部剥釉，釉表局部有土沁痕。口径8.4、底径6、高12.4厘米（图五九）。

Ⅱ式　1件（M1：35）。器形与上一件双系罐（M1：30）基本相同，略小。胎灰白，较坚致。

外壁施青釉至下腹部，器内满釉，表面显现出白色乳浊状窑变釉，表面淌釉。外底露胎呈火石红，并有 5 个珠点状的白色垫珠痕。口径 9.2、底径 6.2、高 11.6 厘米（图六〇）。

　　Ⅲ式　1 件（M1：34）。尖唇，小平沿，口微撇，短直颈，溜肩，鼓腹，最大腹径位于中腹部，下腹渐内收，饼形平底，肩部堆贴对称横向直系。胎灰白，较坚致。施青釉，外壁及半腹，内满釉。釉层薄，釉表有细小冰裂开片纹，剥釉现象严重。下腹及外底露胎处呈火石红，外底有 4 个珠点状的白色垫烧痕。口径 8.8、底径 6.8、高 10.6 厘米（图六一）。

　　（2）褐绿彩双系罐

　　1 件（M1：36）。唇口，口沿微敞，直颈，斜溜肩，直腹，平底内凹，颈肩部一对双直系。胎质灰白，较为疏松。外壁施青黄釉近底，器内局部施釉，釉面细密冰裂开片。肩部一圈褐彩珠点纹，两侧腹部饰以褐绿彩双重联珠大三角纹，三角形中又围绕绿色大圆点绘一圈褐彩联珠纹。釉表剥釉较严重，局部土蚀、掉彩。口径 7.6、底径 8.4、高 12 厘米（图六二）。

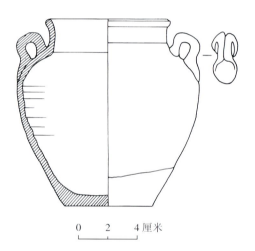

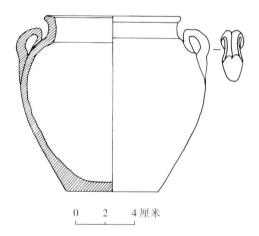

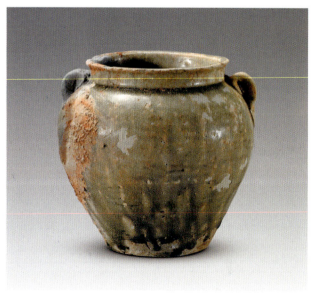

图五九　Ⅰ式青釉双系小罐（M1：33）

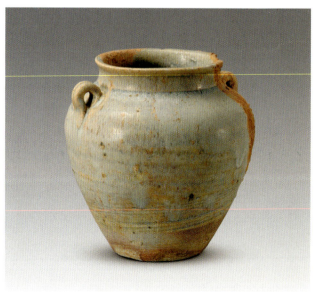

图六〇　Ⅱ式青釉双系小罐（M1：35）

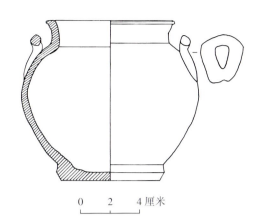

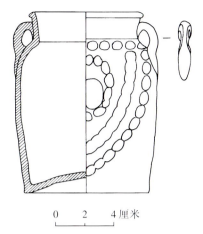

0　2　4厘米　　　　　　　　　　　　　　　0　2　4厘米

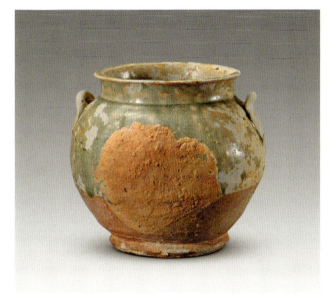

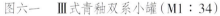

图六一　Ⅲ式青釉双系小罐（M1：34）

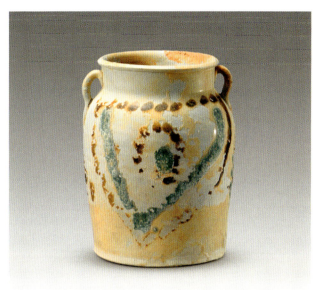

图六二　褐绿彩双系罐（M1：36）

（3）青釉盖罐

3件（M1：12、21，M1：22、24，M1：30、31）。三件器形基本相同，其中一件（M1：12）破损严重。

圆唇，小直口，短直颈，丰肩，橄榄形鼓腹，下腹斜内收，小平底。覆帽形器盖，直唇，半圆顶，扁珠形尖纽。胎灰白，较粗重，器形规整，坯体厚薄较均匀。器内满施或半施青釉，釉泛白斑，垂釉明显，口沿局部漏釉。器外壁及器盖均无釉，呈褐色火石红，器物肩部外表留下一周器盖覆烧痕迹。器物外表局部粘有灰白色釉浆。三件器物各包括器身和器盖，大小略有不同：

其一（M1：22、24）：口径11.2、底径11.2、高30.2、通高37.5厘米（图六三）；

其二（M1：30、31）：口径10.4、底径10.8、高28.8、通高35.5厘米（图六四）；

其三（M1：12、21）：口径12.4、底径11.2、高32.8、通高40厘米（图六五）。

（4）青釉罐

1件（M1：13）。破损成碎瓷片。

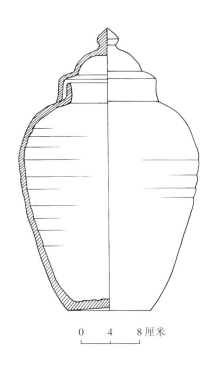

图六三　青釉盖罐（M1：22、24）

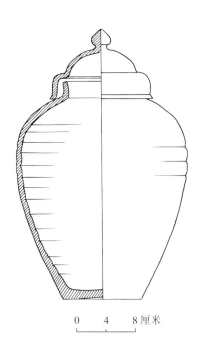
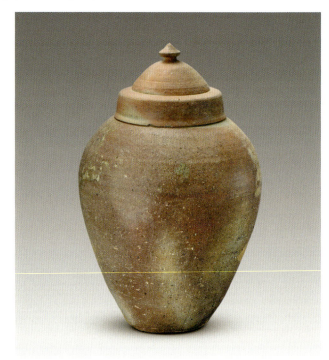

图六四　青釉盖罐（M1：30、31）

（5）青釉碗

1件（M1：37）。尖唇，敞口，斜直壁，饼形平底，器壁饰对称的4道凸棱。胎体灰白坚致，较厚重。施青釉，器内满釉，外壁半釉，釉层薄而不均，有淌釉现象，可见釉下旋坯痕。器内釉面泛黄，器外泛青，釉表有细小冰裂开片。外底露胎呈火石红，留有6个珠点状的白色垫烧痕。口径20、足径 11、高 6.5 厘米（图六六）。

（6）白釉碗

1 件（M1：29）。灯心草式唇口，敞口斜直壁，浅腹，玉璧底。胎白细密坚致，施白釉微泛黄，釉面润泽细腻。足端无釉。口径 14.6、足径 6.4、高 4 厘米（图六七）。

2. M2

7 件。有青釉四系罐、青釉双系小罐、青釉碗、大谷仓罐。

（1）青釉四系罐

3 件。其中 2 件（M2：14、15）完整，1 件（M2：18）破损。圆唇，直口，短直颈，丰肩，鼓腹（最大腹径位于肩部），下腹斜内收，小平底，肩部堆贴对称的 4 个横向桥形系。胎质为灰色或灰白色，

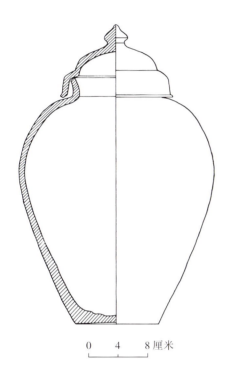

0　　4　　8 厘米

图六五　青釉盖罐（M1：12、21）

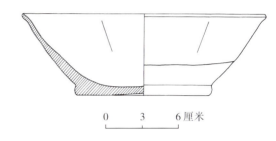

0　　3　　6 厘米

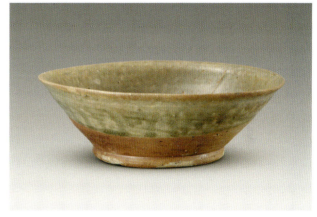

图六六　青釉碗（M1：37）

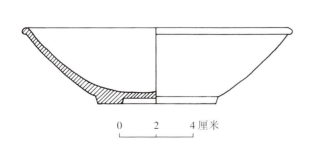

0　　2　　4 厘米

图六七　白釉碗（M1：29）

夹砂，较粗重，器壁表面可见制坯时留下的旋痕。施青釉，外壁施至半腹，器内或满釉或半釉，釉表淌釉现象明显。釉色泛黄或泛褐，局部呈窑变乳白色，釉层薄，厚薄不均，有细小冰裂开片纹，釉面局部有剥釉现象。器表露胎处呈褐色窑红，器外底有圆饼形褐色垫烧痕。其中破损的一件四系罐（M2：18）因土沁严重而使釉面完全脱落，表面呈灰白色。三件器物大小略有不同，尺寸如下。

其一（M2：14），口径 14.4、底径 12.8、高 33.4 厘米（图六八）。

其二（M2：15），口径 12.8、底径 11.2、高 33.4 厘米（图六九）。

其三（M2：18），口径 13.2、底径 11.6、高 34.3 厘米（图七〇）。

（2）青釉双系小罐

2 件。分为 2 式。

Ⅰ式 1 件（M2：16）。平唇，直口，短直颈，丰肩，圆鼓腹，下腹弧内收，饼形底，肩部堆贴对称的横向直系。胎质灰白较粗松。施青釉，釉及下腹，器内满釉；釉面厚薄不均，表面分布细碎的小开片纹，釉泽光亮，胎釉结合紧密。器表露胎呈现窑红色，外底可见对称三点白色的垫珠痕。口径 8.8、底径 6.5、高 12 厘米（图七一）。

Ⅱ式 1 件（M2：17）。尖唇，口微撇，束颈，丰肩，鼓腹，饼形底，肩部堆贴对称横向直系。胎呈灰白色，较粗松。施青釉，外壁施釉及半腹，器内满釉，釉面细小冰裂纹明显，下腹露胎处呈灰白色。口径 9.2、底径 7.2、高 12.6 厘米（图七二）。

（3）青釉碗

1 件（M2：5）。圆唇，撇口，弧壁，圜底，宽圈足。器内壁对称 4 道凸棱。胎体灰白坚致，较厚重。通体施青釉，外壁施釉近底；器内釉面泛黄，器外泛青，有细小冰裂开片，玻璃质感较强，

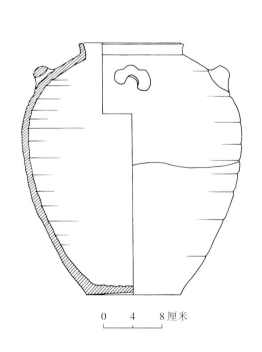

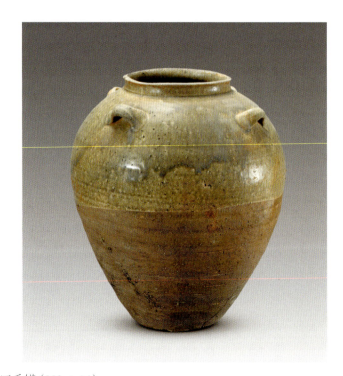

0　4　8厘米

图六八　青釉四系罐（M2：14）

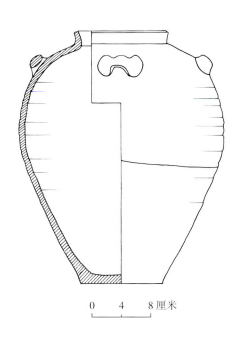

图六九　青釉四系罐（M2：15）

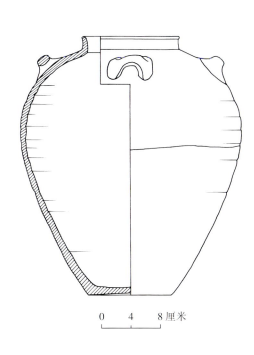
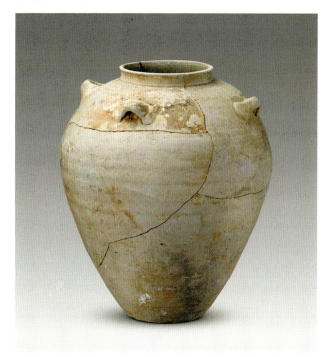

图七〇　青釉四系罐（M2：18）

局部见垂釉现象，碗内底积釉。足端无釉并粘有细砂。口径 21、足径 8.2、高 7.2 厘米（图七三）。

（4）大谷仓罐

1 件（M2：21）。圆唇，束口，口沿加厚呈凸棱状形成母口。直筒形器腹，平底。口沿下 4 个对称小系，中腹两两相对 4 个大系。半圆形器盖，盖沿内一圈凸棱，形成子口；宝珠纽，盖面边沿 4

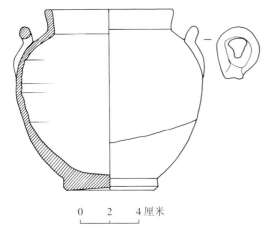

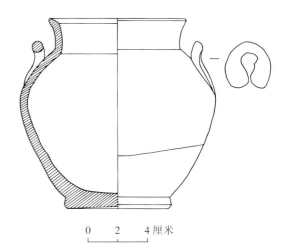

0　　2　　4厘米

0　　2　　4厘米

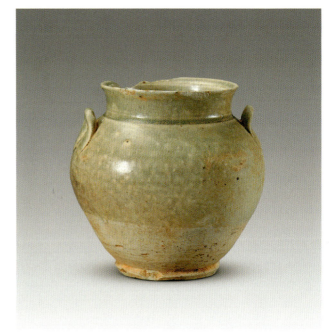

图七一　青釉双系小罐（M2：16）

图七二　青釉双系小罐（M2：17）

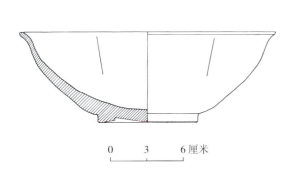

0　　3　　6厘米

图七三　青釉碗（M2：5）

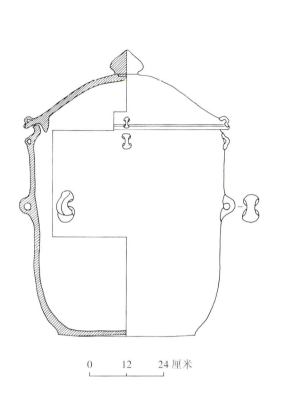

0　　12　　24 厘米

图七四　大谷仓罐（M2：21）

个对称小系。胎体白中泛黄，胎质较粗重，胎厚处可见白、黄两色的生烧现象。施青釉，釉面基本剥落。器盖与器纽分开制作，经再粘接后烧成。口径 59、底径 44、高 67.5、连器盖通高 91 厘米（图七四）。

第二节　铜　器

1. M1

3 件。有铜镜、小铜叉。

（1）铜镜

1 件（M1：14）。镜面有一道小裂隙，锈蚀严重。方形倭角，桥形小纽，镜缘凸起。边长 10.2 厘米（图七五）。

（2）小铜叉

2 件（M1：16）。残断，锈，槽朽断成数截。呈"人"字形开叉。分别长 8、9.5 厘米（图七六）。

2. M2

2 件。有铜镜、铜环。

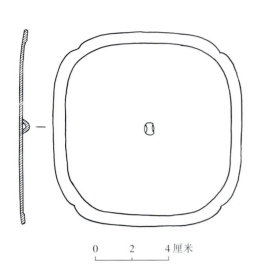

0　　2　　4 厘米

图七五　铜镜（M1：14）

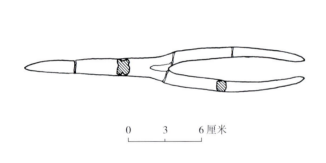

0　　3　　6 厘米

图七六　小铜叉（M1：16）

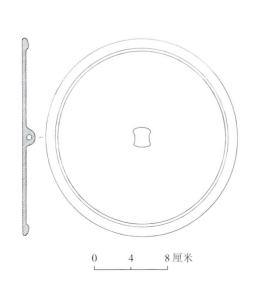

0　　4　　8 厘米

图七七　铜镜（M2：1）

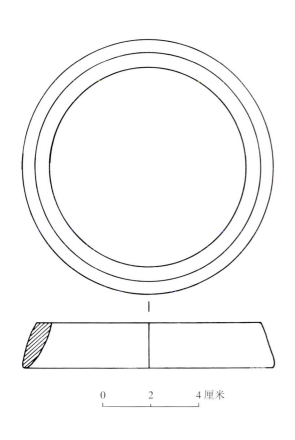

图七八　铜环（M2：2）

（1）铜镜

1件（M2：1）。破损，锈。圆形，桥形小纽，镜缘凸起。直径21、厚0.4厘米（图七七）。

（2）铜环

1件（M2：2）。锈。呈圆环状，口径上小下大，厚重，环圈断面呈梯形。此器或为铜器残留的圈足，为墓葬被盗后所遗留。直径9.2~10.2厘米（图七八）。

第三节　铁　器

1. M1

1件（M1：2）。铁剪。残断成数截，锈蚀严重。双刃，柄呈“8”字形扭曲交叉。柄首断面接近方柱体，中部为方柱体，刃部为长三角形。长29.5、最宽6厘米（图七九）。

2. M2

1件（M2：20）。铁剪。残断，锈。双刃，呈“U”形。端首断面为椭圆柱体，中部为方柱体，刃部为三角形。残长28.1、最宽7厘米（图八〇）。

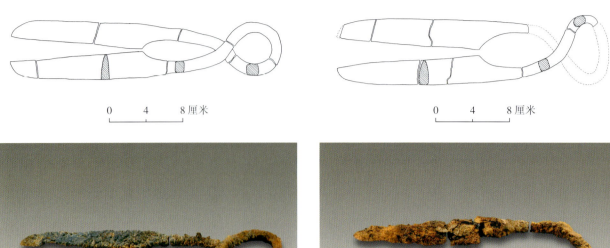

图七九 铁剪（M1：2）　　　　　图八〇 铁剪（M2：20）

第四节 银 器

1. M1

19 件。有银碗、银盏、银则、银箸、银钗和银冠饰。

（1）摩羯纹多曲银碗

1 件（M1：23）。微锈，表面黑褐色。五瓣形敞口，唇稍厚，弧壁，深腹，腹部等距离饰 5 道内凸棱线，棱线与唇缺对应，平底，外底焊接大圈足，足端外撇。器内口沿随五瓣形花口饰一周錾刻的带状边饰，在联珠线边框内饰纤细鱼子地缠枝西番莲和飞鸟纹，中腹饰一周錾刻的平行短直线带状纹；碗底主体纹饰以錾刻的细密水波涡纹为地，饰以锤鍱隐起的两条首尾相衔、呈逆时针方向游动的摩羯鱼，鱼纹长鼻内卷，张口亮舌露齿，呈凶猛状；双鱼之间又以锤鍱隐起的两组长脚如意头云纹间隔。主体纹饰外围饰一圈凸起的联珠纹，联珠纹外又錾刻一周纤细的鱼子地连续蔓草带状纹。器底主体纹饰的双鱼纹、云纹及联珠纹以模具冲压、锤鍱成纹，因此留有内凸的锤鍱模印痕。器内纹饰表面鎏金。圈足外壁底边錾刻一圈连续的回形纹边饰。圈足脱落。口径 17.2、足径 10.8、高 8.7 厘米，重 301.1 克（图八一、八二）。

（2）四瓣形银盏

1 件（M1：27）。微锈，表面黑褐色。椭圆形四出敞口，斜直壁，腹壁以凸棱线等分成 4 瓣，棱线均与唇缺对应，平底；外底焊接椭圆形外撇圈足，足壁上有对应器壁的 4 道棱线。器外以利器浅刻划 3 处文字；底部有不同方向的 3 个"通"字，腹壁一侧有 2 个"通"字，另一侧有"一月□通"

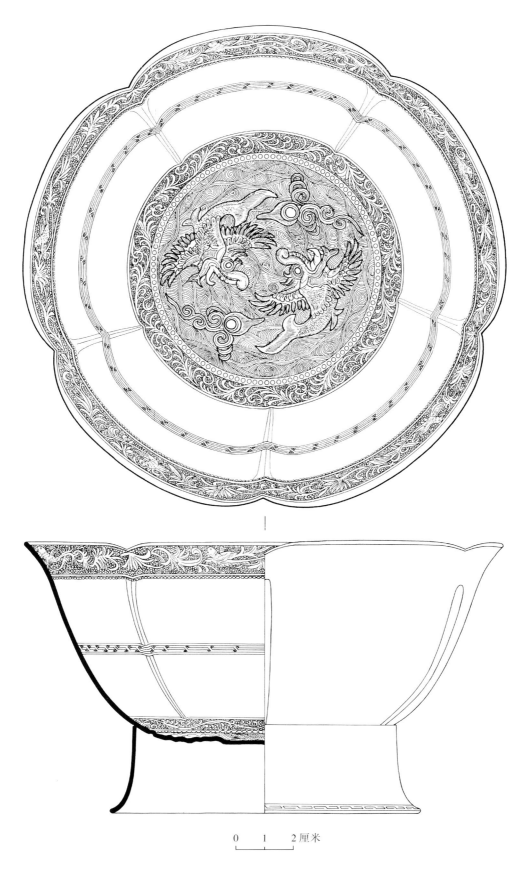

0　　1　　2厘米

图八一　摩羯纹多曲银碗（M1：23）

图八二　摩羯纹多曲银碗（M1：23）

字，均为行书字体，字迹随意草率。圈足脱落。口径 9.2~14.8、足径 5~7.2、高 4.5 厘米，重 101.3 克（图八三）。

（3）银则

1 件（M1：28）。微锈，暗褐色，经保护除锈后呈银白色。弧形把柄扁长，柄端为三角形，柄中心顺向隐出脊线；匙面呈薄片椭圆形，浅显微弧，唇沿加厚。银则纵剖面呈弯曲的"S"形。柄首正面錾刻鱼子地蔓草飞鸟纹，以及花瓣和菱形纹边饰，纹饰表面鎏金。长 27、匙面宽 4.2 厘米，重 78 克（图八四）。

（4）银箸

1 双（M1：25）。微锈，经保护除锈后呈银白色。细长圆柱体，端首渐粗。其中一支端部錾刻网格状的菱形珠点纹，另一支加饰鱼子地，纹饰表面鎏金。长 29、直径 0.3~0.7 厘米，重 75.6 克（图八五）。

（5）尖首银钗

2 件。钗首为三角形，分 2 式。

Ⅰ 式　1 件（M1：5）。中部断，暗褐色银锈。上部三分之一为扁平钗柄，有竖条形穿孔；下部三分之二为分叉细长双柱。柄端呈花边三角形，钗柄单面錾刻纤细的鱼子地卷曲蔓草纹及短直线交叉纹。纹饰表面鎏金。长 23.9、最宽 1.8 厘米，柄厚 0.1、柱径 0.2 厘米，重 12.9 克（图八六）。

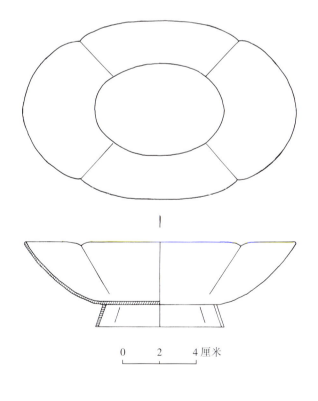

图八三　四瓣形银盏（M1：27）

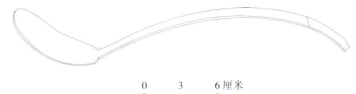

0   3   6厘米

0   5   10毫米

图八四　银则（M1：28）

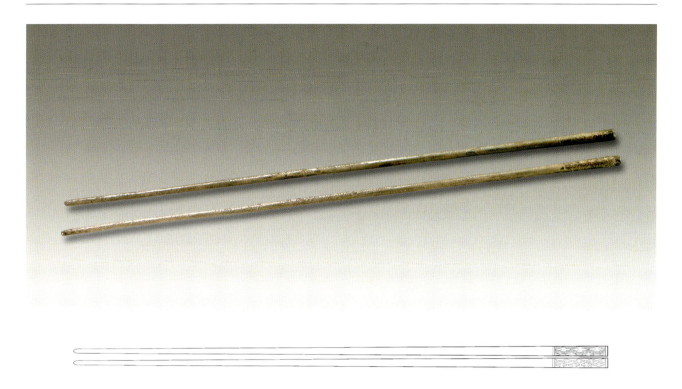

0　　　2　　　4厘米

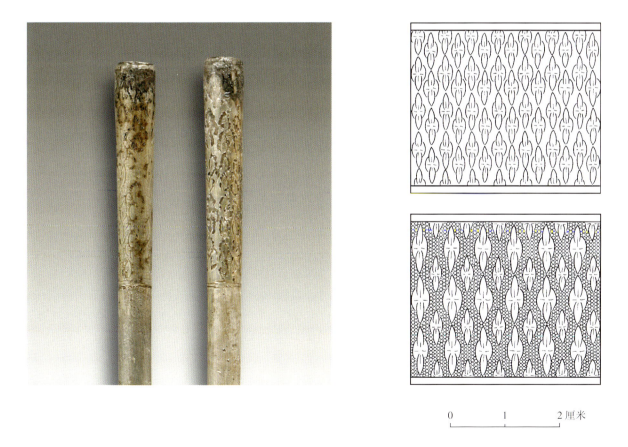

0　　　　　1　　　　　2厘米

图八五　银箸（M1：25）

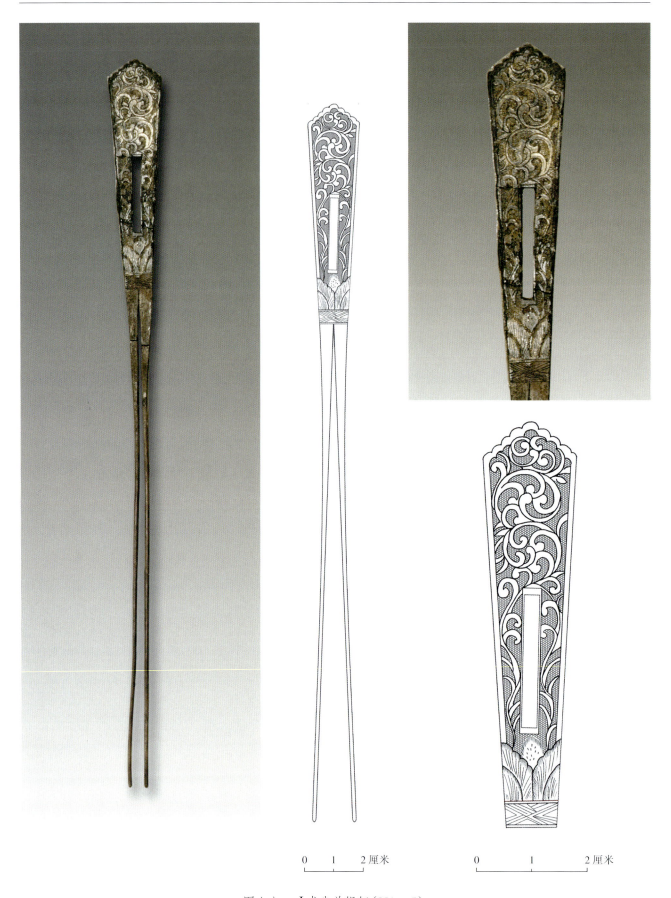

图八六　Ⅰ式尖首银钗（M1∶5）

Ⅱ式　1件（M1∶3）。下半段残缺，暗褐色银锈。整体扁平，分叉双股形，端首为花边三角形。残长6.6、最宽1.9、厚0.1厘米，重4.1克（图八七）。

（6）弧首银钗

1件（M1∶6）。尾部残。暗褐色银锈。分叉双股形，整体扁平，弧形端首。残长6.7、最宽1.8、厚0.1厘米，重4.4克（图八八）。

（7）双股形银钗

3件。分义双股形，分2式。

Ⅰ式　1件（M1∶8）。经保护处理后呈银白色。端首弯折呈如意云头形，细长双柱，尾端渐细。长21.4、柱径0.15~0.3厘米，重12.3克（图八九）。

Ⅱ式　2件（M1∶9、M1∶10）。经保护处理后呈银白色。端首弯折，细长双柱，尾端渐细。长21.1~21.2、柱径0.15~0.3厘米，各重11.8克（图九○）。

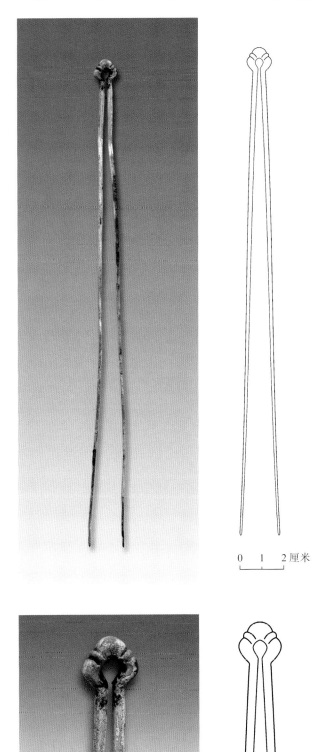

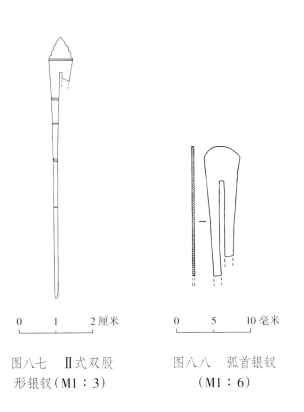

图八七　Ⅱ式双股形银钗（M1∶3）

图八八　弧首银钗（M1∶6）

图八九　Ⅰ式双股形银钗（M1∶8）

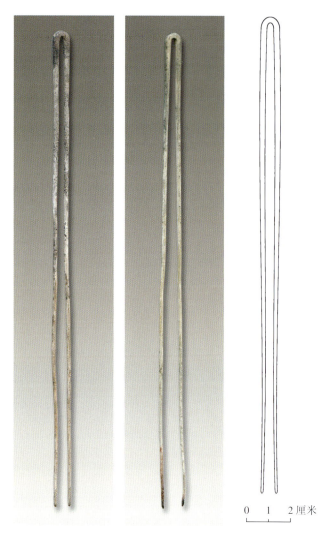

图九〇　Ⅱ式双股形银钗（M1：9、M1：10）

（8）银冠饰

共9件（M1：11[1]）。残，散开。分成银冠饰片和银枝条两类。

①银冠饰片　6片。边沿微残。呈三角形漏空薄片状，表面鎏金，局部脱落。分3式。

Ⅰ式　2片。摩羯鱼和三叶花卉纹饰片，左、右向各一件。上部为锤鍱隐起的展开双翼、张口含珠的摩羯鱼，下部以锤鍱隐起的三叶花卉及蔓草纹衬托。鱼纹及花叶、蔓草细部錾刻出细密的短阴线及鱼子状圆珠纹。其中一件残长7.2、残宽4.7厘米，重2.6克；另一件残长7.4、残宽4.9厘米，重3.4克（图九一、九二）。

Ⅱ式　2片。摩羯鱼和三角形海浪纹饰片，左、右向各一件。上部为锤鍱隐起的展开双翼、张口亮舌和头顶独角的摩羯鱼，下部衬托着隐起的多组连续三角形海浪纹，鱼嘴前有一卷云托珠作引导。鱼纹及海浪纹的细部錾刻出长阴线、细密的短阴线和鱼子状圆珠、细小苔点等。其中一件残长7.5、残宽4.5厘米，重4.6克；另一件残长8.5、残宽4.5厘米，重5.4克（图九三、九四）。

图九一　Ⅰ式银冠饰片（M1：11）

---

[1] 银冠饰出土时是一堆，统一编号M1：11。后来整理时，从中加以区分出银饰片和银枝条，所以9件银冠饰和银枝条的编号均为M1：11。

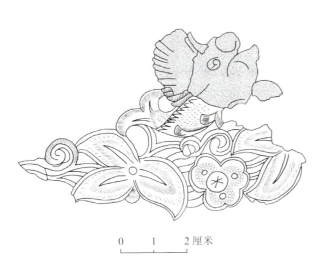

图九二　Ⅰ式银冠饰片（M1∶11）

图九三　Ⅱ式银冠饰片（M1∶11）

图九四　Ⅱ式银冠饰片（M1∶11）

Ⅲ式　2片。如意头卷云和三角形海浪纹饰片。上部为锤鍱隐起的呈放射状的多组长脚如意头卷云纹，下部衬托隐起的多组连续三角形海浪纹。鱼纹和卷云纹的细部錾刻出长阴线和细密的短阴线。其中一件残长6.1、残宽4.3厘米，重2.6克；另一件残长6、残宽4.3厘米，重2.9克（图九五、九六）。

②银枝条　3枝。锈。细长圆柱体，端部稍粗或略呈扁形，尾部渐细，为连接头冠饰片的插条。分别长10厘米、重1.8克，长15厘米、重3.2克，长21厘米、重4克（图九八）。

2. M2

3件。

小银锅　3件（M2：8、9、19）。其中一件较完整，把手微缺；一件局部缺损；一件残破。暗褐色银锈。半圆形浅腹，圜底。口沿焊接对称的小把手，呈条带绑缚折叠状。直径8、厚0.15厘米，分别重26.7克、24.6克、22克（图九七）。

图九五　Ⅲ式银冠饰片（M1：11）

图九六　Ⅲ式银冠饰片（M1：11）

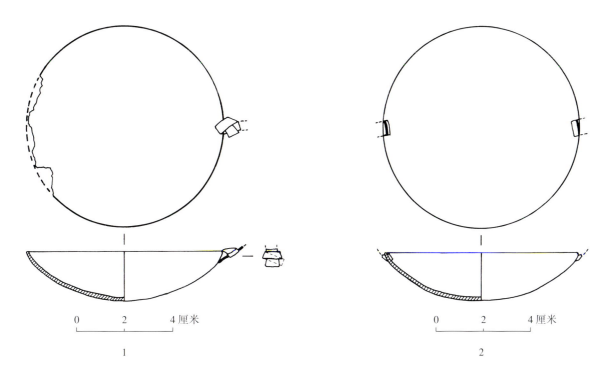

图九七　小银锅（M2：8、9）

1. 小银锅（M2：8）　　2. 小银锅（M2：9）

图九八　银枝条（M1∶11）

第五节　文字砖

1. M1

1方。灰白色泥质。以小枝条于单面刻划纵向两行文字，行草，随意潦草。内容为"年卅已上使保财人得有余"。长33、宽1.65、厚4厘米（图九九）。

2. M2

1方。断成三截。灰白色泥质。以小竹篾或小枝条于单面刻划纵向两行文字，行草，笔画随意潦草。内容为"大中九年六月廿七从州归造砖者"。长31.5、宽16、厚4.2厘米（图一〇〇）。

第六节　其　他

两座墓葬均出土铜钱、铜泡、铜泡钉、棺钉等，并采集各式墓砖标本。

1. M1

（1）铜钱

200余枚（图一〇一）。锈蚀，部分钱币糟朽、残缺。以"开元通宝"占绝大多数，约占95%；有少量"乾元重宝"，约占5%；另有铭文不辨铜钱2枚。

①"开元通宝"　隶书，对读。光背或背星月纹，其中有背"润"字。大、小两种，直径2.4~2.6厘米（图一〇二、一〇三）。

0　2　4厘米

图九九　M1 文字砖

0　2　4厘米

图一〇〇　M2 文字砖

图一〇一　M1 出土部分铜钱

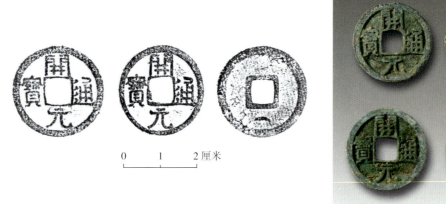

0　　1　　2厘米

图一〇二　M1"开元通宝"铜钱

② "乾元重宝"　隶书，对读，光背。直径 2.45~2.55 厘米（图一〇四）。

③ 其他铜钱　大小各一枚，铭文不清晰。直径分别为 2.1 厘米和 2.7 厘米。

（2）铜泡

7 枚。分 2 式。

Ⅰ式　帽形铜泡 6 枚（M1：3、4、7、15、17、20）。其中 2 枚（M1：4、7）残损。帽钉均

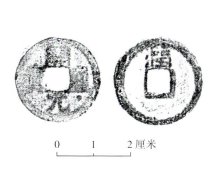

0 1 2厘米

图一○三 M1"开元通宝"铜钱（背面"润"字和月纹）

0 1 2厘米

图一○四 M1"乾元重宝"铜钱

残断，个别铁钉锈蚀出帽顶。锈，经保护处理后呈暗褐色。铜泡呈盔帽形，表面打磨光滑；帽沿呈5组相连的柿蒂纹花边，并间饰5个亚腰形镂空小孔。帽顶内侧中心焊接固定小铁钉，钉呈菱形断面，钉长超过铜泡高度，长约6、最宽2厘米。铜泡直径9、高2.5、厚015-0.3厘米（图一○五）。

Ⅱ式 兽面衔环铜泡1枚（M1：32）。边缘残缺，缺一角，衔环断裂。锈，保护处理后呈暗褐色。薄片铺首状，表面为模铸凸起的兽面纹，打磨光滑。兽面双眼圆睁，柳叶形双眉上扬，三角形双颊，牛鼻凸出有对穿小孔，两侧嘴角留出长条形缝隙穿孔，呈口衔薄片大圆环；额首焊接一对分叉兽角，其中一角缺失。兽面上下边缘为柿蒂纹花边，两侧长方形小孔旁原铸有固定的穿透小铁钉，铁钉已脱落和残断。兽面铜泡残存直径约8.6、残高2.6、厚0.2~0.5厘米；衔环直径8、宽1.4、厚0.1厘米（图一○六）。

（3）铜泡钉和棺钉

20多枚。铁质，锈蚀严重，部分残断。

①铜泡钉 从铜泡上脱落，细小。分2式。

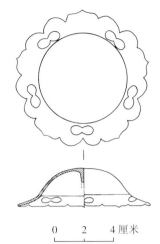

图一〇五　Ⅰ式铜泡（M1：3）

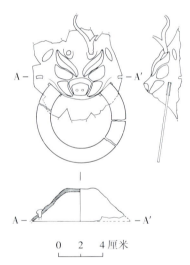

图一〇六　Ⅱ式铜泡（M1：32）

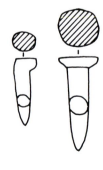

0　　1　　2厘米

图一〇七　Ⅰ式
铜泡钉（M1）

Ⅰ式　钉头较粗并有钉帽，钉尾渐小呈尖状，断面呈圆形或椭圆形。长2~5.5厘米（图一〇七）。

Ⅱ式　长柱形，钉头弯曲，钉尾渐小呈钉尖状，断面为菱形。用于兽面铜泡。残长8.7厘米（图一〇八）。

②棺钉　分2式。

Ⅰ式　较细小，钉头粗，或有钉帽，钉尾尖，断面菱形或椭圆形。长4.6、残长4.1~5.5厘米（图一〇九）。

Ⅱ式　较粗大，方柱体，钉帽呈蘑菇状，钉尾渐小呈尖状，断面为方形或梯形。长5~26厘米（图一一〇）。

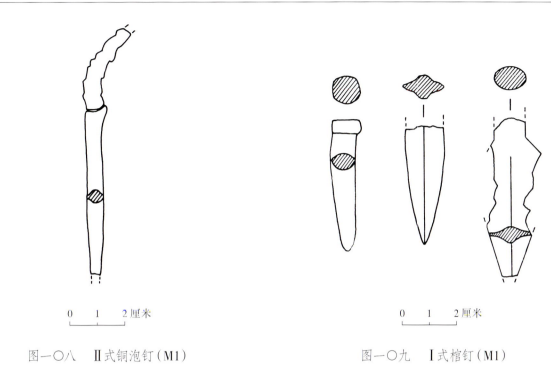

0　　1　　2厘米

图一〇八　Ⅱ式铜泡钉（M1）

0　　1　　2厘米

图一〇九　Ⅰ式棺钉（M1）

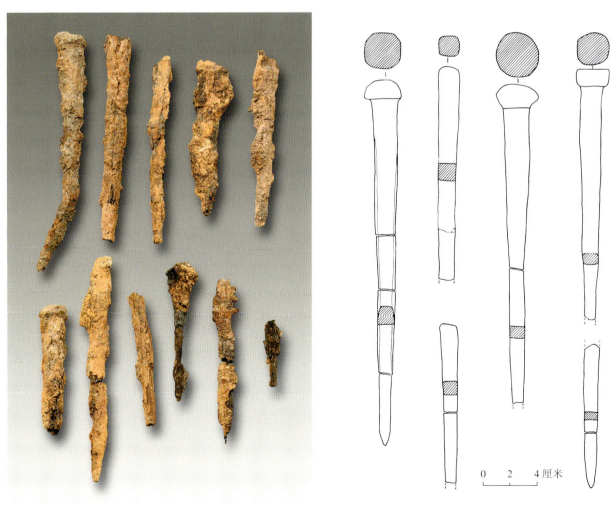

0　　2　　4厘米

图一一〇　Ⅱ式棺钉（M1）

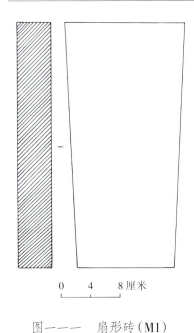

图一一一　扇形砖（M1）

（4）墓砖

根据形制和花纹分成扇形砖、楔形砖、长方形砖、方形砖及壶门纹长方砖。

①扇形砖　灰白色泥质。平面呈扇形，长 32.5、宽边 16.6、窄边 13.2、厚 4.6 厘米（图一一一）。

②楔形砖　长方形，灰白色泥质，分 2 式。

Ⅰ式　纵楔形砖。长 31.2~31.8、宽 15~16.4、短边一侧厚 5、另一侧厚 3.6 厘米（图一一二）。

Ⅱ式　横楔形砖。长 31.4~31.8、宽 15~16.4、长边一侧厚 4.6、另一侧厚 3.6 厘米（图一一三）。

③长方形砖　灰白色泥质。分 2 式，长度略有不同。

Ⅰ式　长 31.4、宽 16.4、厚 3.8~4 厘米（图一一四）。

Ⅱ式　长 32.6、宽 16.6、厚 3.8~4 厘米（图一一五）。

④方形砖　灰白色泥质。边长 32.4、厚 4.6 厘米（图一一六）。

⑤壶门纹长方砖　灰白色泥质。砖体一面挖刻出壶门形花纹。长 26.6~27.4、宽 18.8~19.6、厚 3.8 厘米（图一一七）。

2. M2

（1）铜钱

200 余枚。锈，部分钱币糟朽、残缺（图一一八）。以"开元通宝"为绝大多数，占 95%；少量"乾元重宝"，占 5%；有个别"五铢"铜钱。另有少量铭文不辨的铜钱。

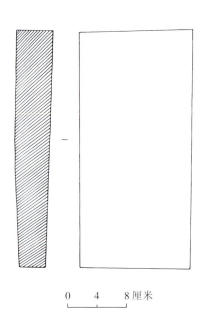

图一一二　Ⅰ式楔形砖（M1）

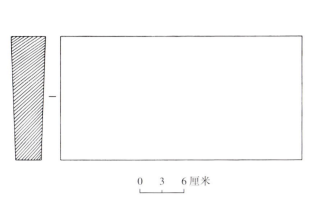

0　　3　　6厘米

图一一三　Ⅱ式楔形砖（M1）

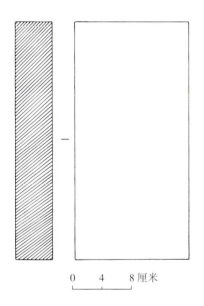

0　　4　　8厘米

图一一四　Ⅰ式长方形砖（M1）

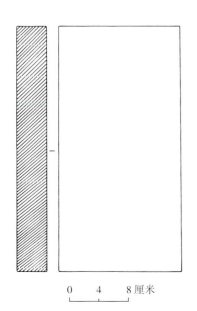

0　　4　　8厘米

图一一五　Ⅱ式长方形砖（M1）

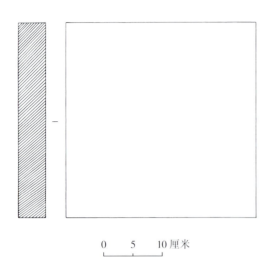

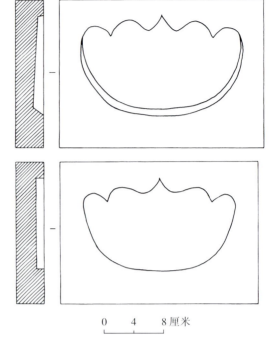

图一一六　方形砖（M1）

图一一七　壶门纹长方砖（M1）

"开元通宝"　隶书，对读。光背或背星、月纹，其中有背"润"字。大、小两种，直径2.4~2.6厘米（图一一九）。

"乾元重宝"　隶书，对读，光背。直径2.45~2.55厘米（图一二〇）。

"五铢"　1枚。篆书，对读，光背。"五"字交笔弯曲，为东汉"五铢"铜钱。直径2.6厘米（图一二一）。

（2）铜泡

8个（M2：3、4、6、7、10~13）。锈。呈盔帽形薄片状，边沿为5组如意云头纹，云头纹中

图一一八　M2 出土部分铜钱

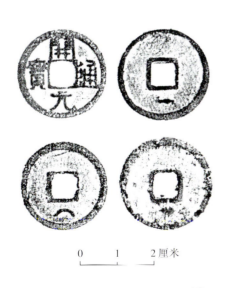

0　1　2厘米

图一一九　M2"开元通宝"铜钱

脊线略隐起；云头纹之间相隔亚腰形小孔。帽沿薄，顶部加厚，帽顶内侧焊接小铁钉，钉长超过铜泡高度，铁钉多已脱落或残断。铜泡直径 7.4、高 2、厚 0.2~0.4 厘米（图一二二、一二三）。

（3）棺钉

20 多枚。铁质，锈蚀严重，多残断。方柱体，钉帽呈蘑菇状，钉尾渐小呈尖状，断面呈方形，其形制、质地与 M1 棺钉基本相同。长 4~23 厘米（图一二四）。

0　　1　　2厘米

图一二〇　M2"乾元重宝"铜钱

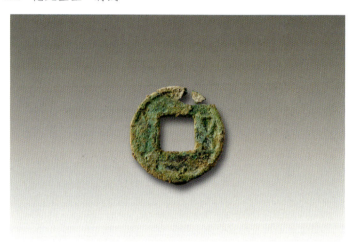

0　　1　　2厘米

图一二一　M2"五铢"铜钱

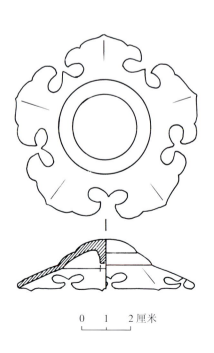

0　　1　　2厘米

图一二二　M2铜泡背面（M2∶3）

图一二三　M2 铜泡（M2：3、4、6、7、10~13）

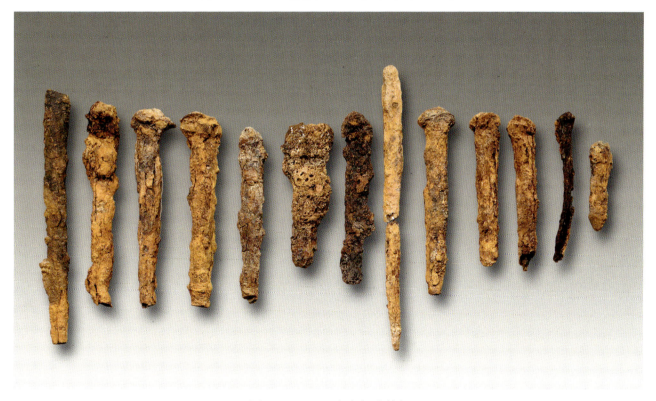

图一二四　M2 出土部分棺钉

（4）墓砖

M2 各式墓砖包括扇形砖、楔形砖、长方形砖、方形砖及壶门纹长方砖，其形制、规格、质地、花纹，均与 M1 墓砖相同。此略。

第四章 墓志铭

第一节 墓志铭

此次发掘共出土墓志铭2通，分述如下。

1.《故奉义郎歙州婺源县令陈公墓志铭并序》

出土于M2（M2：22）。墓志呈扁长方形，灰色，花岗岩质。高58、宽65、厚8厘米（图一二五、一二六）。全文如下。

故奉义郎歙州婺源县令陈公墓志铭并序

乡贡进士欧阳偓撰

有唐大中九年，岁在乙亥四月廿四日，颖川陈公终于泉州清源郡嘉禾里之私第，年七十有五。呜呼！曰稀之年虽已过矣，五等之名亦已尊矣，上德高义盍其永欤。哀哉！公讳元通，清源同安人也。曾祖承，抚州司马；祖喜，蜀州别驾；父仲瑀，番禺县丞。公则番禺之长子。生高阳许氏，宽厚和雅，指规人间，代之器。世丰其产，继为豪室，而行诸礼教，人称名家。其姻戚有仕者，亦累至郡县。公始不求试，不躁进，乃为常调。释褐自余干、南昌两尉，转歙州司兵参军，迁婺源县令，累任得清平之称。而婺人多罹其寇，叠政病，不能获。公用良筹密思，无所遗党。既以能闻于廉使，仍加字民之术，多会于诏。乃书上下考，申其有司。有司褒其能，不黜其较将。罢秩还乡，至止之后得疾，不越月而终焉。呜呼！器有余而用未至，禄有待而寿俄终，良可悲哉！先娶汝南周氏，则前登太常弟匡物之女，不幸早世。有男不育，唯女二人。长适许氏，次曾氏。后娶汪氏以继其室。有男子二人，长曰肇，次曰皋。女子三人，皆稚年。相次而克承名教，丁丧合礼。明年秋八月一日，卜葬于所居之里，祔其先茔，礼也。或以重泉之下，用志其德，其孤乃号以请之。其渤海欧阳偓实公之丈人也，于是哀为铭焉，冀彰公之德于丘陵倾圮之后。其词云：禀器蕴能，为世之称。怀才抱德，伊人是则。为政立名，于时作程。位思称实，寿俄已毕。吞恨者多，伤之如何。哀哉！

2.《唐故歙州婺源县令陈府君夫人墓志铭并序》

出土于M1（M1：38）。墓志呈长方形，倭角，灰黑色，细泥烧制。高61、宽46.5、厚8厘米。

图一二五　《故奉义郎歙州婺源县令陈公墓志铭并序》墓志铭

（图一二七、一二八）全文如下。

唐故歙州婺源县令陈府君夫人墓志铭并序

乡贡进士陈过庭撰

夫人颖川汪氏，其先新安人也。曾祖训，祖相，父宏。夫人即宏之长女也。高堂具庆，代虽不仕而由仕也。享年四十八。郓王登位后二年岁次辛巳六月二十一日寝疾，终于清源郡同安嘉禾里之第。歔欷！夫人幼受贞明，长居令淑；高格有焯，柔顺承家；伉俪端凝，备于中外。以织紝组紃为业，以恭谨孝行为心。顷者，府君自歙州司兵参军，夫人迺配淑德。由司兵拜婺源令，夫人皆同受荣禄。妇道炫耀，和顺六姻；乡里之间，休芳驲著。何图双鸾翼比，一旦飘零，

图一二六　　《故奉义郎歙州婺源县令陈公墓志铭并序》墓志铭拓片

梧桐韵清，千秋泯绝。四十一而寡，抚育孤幼，严训守养。无专制之义，有三从之道。夜行以烛，昼不游庭，实可谓其高行耶！噫欤！人之生死，理亦常道；一往一返，真宅是归然。悲乎！夫人生则慈而贤，寿何殁而中，是不幸也！以三年八月二十四日厝于宅东三里之原，祔府君之茔，礼也。龙辒一举，丹旐翩翩；蒿里永从，愁云漠漠。芳兰霜败，玉树风摧，痛矣哉！有男一人，曰皋，举孝廉。幼则明敏，赜经籍微奥，早为州里荐送。以膝下之恋，未遂西辕。钟以荼蓼，不能灭身。呜呼！禄不及其亲，哀毁无地。临棺一恸，百鸟哀鸣。号天扣心，何酬鞠育。有女二人，皆美淑端休，其仪不忒。一人适学究许及，虽未得禄，得禄之道一也。一人年未及笄，孤无怙恃。过庭与皋则同房之叔，文翰同志，为名而刊玄石，纪其事而表泉壤。铭曰：　夫人之德兮松篁，夫人之懿兮兰芳。六亲兮保顺其美，皇天兮讵罹祸殃。月明风起兮垅树苍苍，千秋万古兮玄化茫茫。已而已而感其伤。

图一二七　　《唐故歙州婺源县令陈府君夫人墓志铭并序》墓志铭

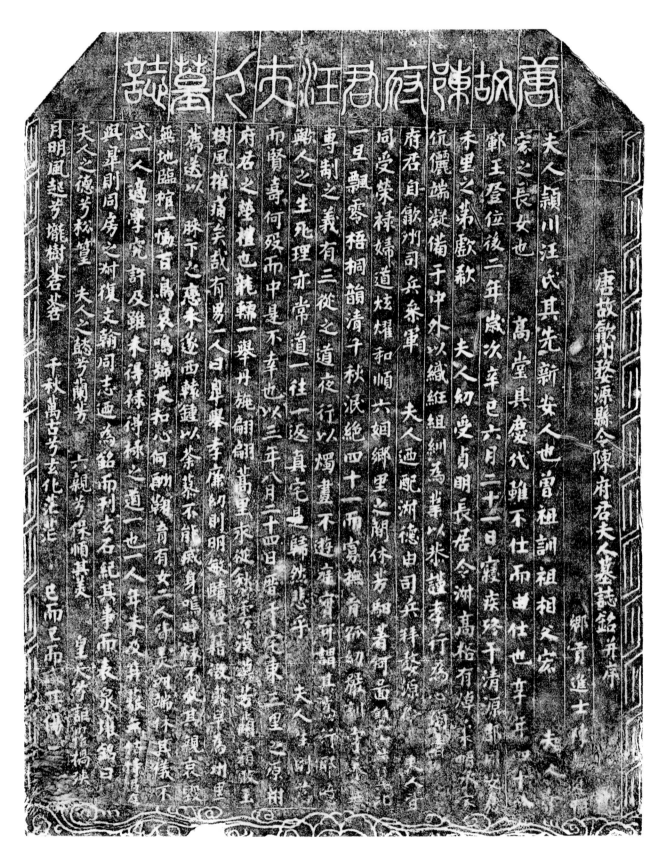

图一二八　　《唐故歙州婺源县令陈府君夫人墓志铭并序》墓志铭拓片

第二节　墓志铭考释

1. 陈元通、汪氏的生卒年代

根据墓志铭记载，陈元通卒于唐大中九年（855 年），时年 75 岁，以实年 74 岁计，其生年为唐建中二年（781 年）。陈元通夫人汪氏的生卒年代在其墓志铭中没有直接记载，根据墓志铭中关于汪氏"享年四十八。郓王登位后二年岁次辛巳六月二十一日寝疾……四十一而寡"的记载推断，郓王即唐王李温，唐大中十三年（859 年）六月，唐宣宗李忱亡，宦官王宗实等立郓王李温为皇太子，更名，旋即位，是为懿宗，第二年（860 年）改年号为咸通。因此，"郓王登位后两年"应为唐咸通二年（861 年），与墓志铭中所记辛巳年相吻合，即汪氏卒于此年，前推 47 年，则汪氏生于唐元和九年（814 年）。

2. 陈元通、汪氏世系及祖籍

陈元通墓志铭中称其为"颖川陈公"。约 1973 年前后，泉州市徐公岭东南石井乡曾发现一座唐代墓葬，墓中出土了《唐许氏故陈夫人墓志》，墓志铭中记载，许夫人陈氏为陈元通之弟陈元达之女，17 岁嫁与泉州六曹之一的参军许元简，卒于唐大中十一年（857 年），时年 23 岁，称其"室人其先颖川人也"，也证明陈元通之弟陈元达祖籍地为颖川。据此，陈元通的祖籍地为颖川无误。颖通"颖"，颖川，郡名，秦王政十七年（公元前 230 年）置，以颖水得名。治所在阳翟（今禹县），辖境相当于今河南登封、宝丰以东，尉氏、鄢城以西，密县以南，叶县、舞阳以北县地。其后治所屡有迁移，辖境渐小。东魏武定时移治颖阴（北齐改长社，隋改颖川，唐又改长社，今许昌）。隋初废，大业及唐天宝、至德时又曾改许昌为颖川郡。因此，陈元通祖籍地应为今河南许昌。

陈元通，生于唐建中二年（781 年），据其墓志铭记载，曾任余干、南昌（今江西余干、南昌）县尉，后转为歙州（今安徽歙县）司马参军，后迁任婺源县令。婺源（今江西婺源），唐置，位于江西东北部，乐安江上游邻接浙江、安徽两省。其父仲瑀，曾任番禺县丞（今广东番禺）。其祖父为喜，蜀州（今四川崇庆一带）别驾。其曾祖承（通丞），抚州（今江西抚州）司马。另据清光绪二十九年（1903 年）编辑的《颖川陈氏族谱集成》记载，陈元通为陈氏九世祖，仲寓（瑀）之长子，"通经及弟（第）任婺原（源）知县建万石岩"。其父仲寓（瑀），曾仕"番隅（禺）知县"，"祖喜，曾祖承"。这些记载与墓志铭的内容基本一致，但经查阅陈元通曾任职的今江西省婺源县的有关史料，没有找到有关陈元通的记载。

汪氏，墓志铭中记载为新安人，隋唐时期的新安有三处，一为晋太康元年（280 年）改新都郡置新安郡，治所在始新（今淳安西），辖境相当于今浙江淳安以西、安徽新安江流域、祁门及江西婺源等地，南朝梁一度缩小，隋开皇九年（589 年）废；其二为东魏兴和中置，治所在新安（今渑池东，隋移今新安），辖境相当于今河南新安一带，隋开皇初废，义宁间复，唐初改为谷（穀）州；其三为隋大业三年（607 年）改歙州置，治所在休宁（今县东万安），后移歙县（今县），辖境相当于今安徽新安江流域、祁门及江西婺源等地，唐初改为歙州，天宝时复置，乾元元年（758 年）又改歙州，后世因此以新安为歙州、徽州所辖地的别称。晋太康三年所设新安与隋大业七年所设新安，其辖境相同，两者相隔 18 年，年代基本衔接；陈元通先后任歙州司马参军、婺源县令，据此推断，汪氏祖籍应为安徽、江西、浙江三省交界一带。据《颍川陈氏族谱集成》记载"元通娶黄氏讳赟（赟）"，黄与汪同音，应为口传之误，与墓志铭记载相符。

3. 关于同安、厦门的记载

陈元通墓志铭中记载："颍川陈公终于泉州清源郡嘉禾里之私第……公讳元通，清源同安人也。"汪氏墓志也记载：汪氏"终于清源郡同安嘉禾里之第"。说明当时厦门岛的行政建制为泉州清源郡同安嘉禾里，这是历史文献上关于今厦门岛名称最早的确切记载。在年代上晚于陈元通墓志铭两年的《唐许氏故陈夫人墓志》又记载："曾祖僖（喜）爱仁好义，博施虚襟，俊乂归之，鳞萃辐辏，故门有敢死之士，遂为闽之豪族。时闽侯有问鼎之意，欲引为谋。乃刳舟剡楫，罄家浮海，宵遁于清源之南界，海之中洲，曰新城，即今之嘉禾里是也。"

陈元通卒于唐大中九年（855 年），此时，厦门岛隶属于治所设在泉州的清源郡，机构设置为"嘉禾里"。里是古代的一种居民组织，唐制百户为里，五里为乡，可见，当时厦门岛的居民数量还很少。陈喜带领族人来到厦门岛时，将当时的厦门岛称为新城，"新城"可能是陈喜族人对到达一个新地方的称呼，还不是一个行政建置。在汪夫人墓志中有"清源郡同安嘉禾里"的记载，而史料记载，同安是在晋太康三年（282 年）首次置县，短时即废。唐贞元十九年（803 年）置大同场，至五代后唐长兴四年（933 年）又升大同场为同安县。陈元通夫妇去世时，同安县已不存在，但墓志中仍记"同安"，当为古代文人喜用前代称呼的习惯。

4. 陈喜到达厦门岛的时间

陈元通生于唐建中二年，即 781 年。其祖父为陈喜，陈喜"罄家浮海，宵遁于清源之南界，海之中洲，曰新城，即今嘉禾里是也"。陈喜带领族人来到厦门岛时，将当时的厦门岛称为新城。至于陈喜何时到达厦门，目前有两种说法。

（1）安史之乱说。此说的依据是许夫人陈氏卒于唐大中十一年（857 年），时年 23 岁。陈喜为其曾祖，"若每代以 25 年计，陈夫人的曾祖陈喜正碰上安史之乱"。

（2）福州军乱说。此说的依据是《资治通鉴》记载德宗贞元四年（788 年）"福建观察使吴诜轻其军士脆弱，苦役之。军士作乱，杀诜腹心十余人，逼诜牒大将郝诚溢掌留务。诚溢上表请罪，上遣中使就赦以安之……辛未，以太子宾客吴凑为福建观察使，贬吴诜为涪州刺使"。

前一种说法的年代推算尚不够合理，许氏陈夫人卒于唐大中十一年（857 年），时年 23 岁，其生年当为太和七年（833 年），如按每代 22 年计，陈喜早许氏陈夫人三代，陈喜则生于 769 年前后。安史之乱发生在唐天宝十四年至广德元年（755~763 年），此时陈喜尚未出生或年幼。后一种福州军乱说，根据在《资治通鉴》中的记载，军乱是"军士作乱"，并没有波及其他地方，朝廷最后也只是撤换了福建的观察使。但是在《唐许氏故陈夫人墓志》发现后提供了新的证据，该墓志铭记载："曾祖僖（喜）爱仁好义，博施虚襟，俊乂归之，鳞萃辐辏，故门有敢死之士，遂为闽之豪族。时闽侯有问鼎之意，欲引为谋。乃刳舟剡楫，罄家浮海，宵遁于清源之南界，海之中洲，曰新城，即今之嘉禾里是也。"陈氏是最早来到厦门岛的家族之一，如果推算陈喜到达厦门岛的时间，辈分越近推算出来的年代相对越要准确一些。元通是仲瑀的长子，两者年龄差距要小一些；仲瑀是喜的三子，两者年龄差距要大一些；考虑这两个因素，参考史学界较为通行的按每代22年计算，陈喜约长陈元通44岁。陈元通生于唐建中二年（781年），则陈喜生于唐开元二十五年（737年）前后，而他成为"闽之豪族"时应已到中年，即40~50岁，为777~787年。这与唐德宗贞元四年（788年）发生的"福州军乱"在年代上正好相当，因此，后一种说法是可靠的。

5. 墓志铭的作者

陈元通的墓志铭为"乡贡进士欧阳偓撰"，夫人汪氏的墓志铭为"乡贡进士陈过庭撰"，经查阅《泉州府志》、《晋江县志》以及泉州、晋江欧阳氏、陈氏族谱等相关的文献资料，均无关于欧阳偓、陈过庭的记载，只有保存在泉州开元寺一座石经幢上的碑文署有欧阳偓之名。该石经幢建于唐大中八年（854年），为六角形佛顶尊胜陀罗尼经幢，原位于泉州西门外，1935年被洪水冲倒弃于城西门吊桥下，1953年移入开元寺保存。《闽中金石略》所录幢身文字中有"大唐大中岁次甲戌五月八日建。乡贡进士欧阳偓、沙门文中共书"。并据此认为"一石而两人和书，亦为创见"。

乡贡是唐代由府州荐举士人应礼部考试的制度。唐制，凡不属官学生徒的士人，如欲应礼部的考试，须先带着身份、履历证书，到县报名，经县考试合格，升于州，州再加以考试，称为"解试"。解试合格后，即取得了参加礼部举行的省试的资格，由府州解送到尚书省。其初，每州根据人口多少限贡一至三人，而事实上人数并无严格限制。

陈元通墓志中称碑文撰写者欧阳偓为丈人，丈人是古时对老人的尊称，并不一定指某人，因此，欧阳偓应为陈元通夫人汪氏族中的长辈。

6. 相关的几个问题

（1）墓志铭中多使用前代的地名。陈元通墓志铭记载，唐大中九年（855年）"颖川陈公终于泉州清源郡嘉禾里之私第"；汪氏墓志铭记载，汪氏"终于清源同安嘉禾里之第"。清源郡，唐天宝元年至至德二年（742~757年）设，唐乾元元年（758年）改称泉州。同安县，晋太康三年（282年）设，短时即废，直到唐长兴四年（933年）才再次置县。两块墓志铭中都使用了前代或前数代的地名，这也是中国历代文人崇尚悠久历史的一贯文风。

（2）两块墓志铭中的记载多有不一致之处。陈元通墓志铭记载，陈元通元配为汝南周氏，"有男不育，唯女二人"；后娶汪氏，"有男子二人，长曰肇，次曰皋。女子三人，皆稚年"。汪氏墓志铭则记载，汪氏"有男一人，曰皋，举孝廉……有女二人，皆美淑端休"。陈元通与汪氏的卒年仅相去6年，但在子女数量的记载上却出现了差异。汪氏"四十一而寡"的记载，如按古代虚一年计，则实为四十而寡，但这与其生卒年不合。

（3）关于陈喜及其家族何时到厦门，只是推测的大致时间。墓志中记载的许多内容都有待进一步考证和研究。在研究中多利用族谱作为考释墓志铭的参考，而族谱中关于先人的出身、职官的记载多有溢美和攀附，这也是中国古代编修族谱的通病。考古学是实证科学，关于厦门历史的更多资料，还要依靠更多的考古新发现。

第五章　结　语

第一节　综合研究的成果

一　陈元通夫妇墓出土的陶瓷器

青釉陶瓷是中华古代文明的一项重大发明，既是伟大的技术创造又开陶瓷艺术之先河。

原始青瓷产生于二里头文化时期，并发展成为中国陶瓷一以贯之之根本，其他各类品种均是由此派生、演变、发展而来。古代青瓷是制瓷业的先驱，元代以前烧制青瓷的窑口分布广泛，北方有汝窑、钧窑、官窑、耀州窑、临汝窑，南方有哥窑、越窑、龙泉窑、瓯窑、婺州窑以及南宋官窑郊坛下窑、修内司窑。

宋元以前的青瓷制作，各窑口基本采取就地取材的方式，胎骨的主要原料虽都采用高岭土，但由于各地地理条件和自然环境的差异，陶土中所含的各种矿物质和化学成分比例不一。

唐代以前，青瓷器形主要以生活需求为主，祭祀礼器、陈列瓷较少。宋元以前，越窑、婺州窑、瓯窑、耀州窑以及临汝窑，都已采用点缀、堆塑、刻花、印花等手法进行装饰。

此次陈元通夫妇墓出土的陶瓷器品种较多，既有本地区产品，也有外地传入的名瓷。其中，M2出土青釉碗1件、青釉双系罐2件、青釉四系罐3件、带盖大陶仓1件，M1出土青釉碗1件、青釉盖罐3件、青釉双系罐3件、青釉罐1件、邢窑白瓷碗1件、长沙窑双系罐1件。

（一）本地产陶瓷器

共15件。其中，M2出土青釉碗1件、青釉双系罐2件、青釉四系罐3件、带盖大陶仓1件，M1出土青釉碗1件、青釉盖罐3件、青釉双系罐3件、青釉罐1件，从这些陶瓷器的胎质、釉色和烧制技术判断，均为唐代同安境内的窑口所烧制。

（二）外地产瓷器

共2件，均出土于M1。

1.邢窑白瓷碗

编号M1：29。口径14.6、底足外径6.4、底足内径3.9、高4厘米。唇口，浅斜直腹，玉璧底，通体呈斗笠形。胎体呈白色，质地细密坚硬，形制工整，制作精细。除足底无釉外，通体施白釉，釉色呈白色偏灰黄，釉面细腻润泽。玉璧底中心部分施釉，有使用痕迹。

邢窑是我国古代著名的制瓷窑场，也是河北的四大名窑之一，在制陶史上有重要地位。烧制瓷器的年代，至少始于北朝，盛于唐，衰于五代，延续于宋、元、明、清。窑址分布于河北省临城、内丘、邢台县和邢台市区。其所产瓷器是北方白瓷的代表，特别是细白瓷的发明是邢窑对人类的一大贡献。这类瓷器多朴素无纹，洁白、细腻、滋润，类雪类银。

唐代邢窑细瓷碗的烧制，是用漏斗状匣钵咬口叠烧法或浅盘状匣钵与深盘匣钵对口叠烧法完成，邢窑与越窑一直保持着中国的传统风格。在瓷器的造型上，邢窑白瓷的烧制有两次鼎盛时期，第一次至少在隋代，邢窑窑工不仅发明了白瓷，而且成功创烧出了薄胎透影白瓷，而直到明成化年间，景德镇才烧制出同类瓷器，同时，隋代这种透影白瓷碗、杯类器物皆使用了圈足，这也是圈足最早运用到瓷器上的例证，而粗瓷圈足器的普遍使用却是晚唐以后的事。中唐是邢窑的全盛阶段，细白瓷产量大，种类多而且造型美观、实用，虽达不到隋代的薄胎透影，但也堪称唐瓷精品。隋代的透影白瓷可能是专供极少数人使用的奢侈品，而中唐细白瓷可能是天下无贵贱通用之产品。而在隋至中唐之间，亦即唐早期的遗物中，邢窑白瓷不仅精细品不多见，连中粗白瓷数量也很有限。邢窑白瓷自晚唐后逐渐为定窑所替代。

邢窑白瓷是唐代重要的外销产品，在日本、埃及、阿曼、印尼、伊朗、伊拉克、巴基斯坦等国都曾出土。在中国的扬州出土有许多邢窑的产品，类型有碗、壶、托盘、盒、盏等，以碗、壶居多，可见，扬州是邢窑瓷器外销的重要集散地。

唐代烧制白瓷的窑口主要有河北的邢窑、井陉窑、定窑，河南巩县窑，陕西耀州窑。20世纪80年代初，邢窑遗址首先发现于河北省临城境内，1984年又陆续在内丘县发现多处邢窑遗址。1987年以后，文物部门又对邢窑遗址进行了较全面的调查，并对内丘城关、临城祁村等窑址进行了小规模的试掘。这既证实了文献中关于邢窑在内丘的记载，也为研究邢窑不同时期产品的类型、特征和断代提供了依据。

断定此件 M2 出土的白瓷碗为邢窑制品的依据有以下几点。

（1）河北内丘邢窑遗址调查报告中，第四期列有"细白瓷四式碗"（年代为中唐）；邢窑遗址调查试掘报告中所列第三期瓷器 Aa 型七式碗（祁 T2H9：4），两件瓷器的造型、胎釉都与 M1 中出土的白瓷碗类似，年代也大致相同。

（2）巩县窑所产白瓷碗类器物同邢窑产品在胎釉、器形上基本相同，但胎表多施化妆土，釉层较厚。定窑与邢窑有继承关系，早期的白瓷更是多仿制于邢窑，但始烧于晚唐。井陉窑烧造的白瓷碗在造型、釉色等方面与邢窑基本一致，不同的是胎体较厚。

（3）碗底中心部分施釉是判断此件白瓷碗为邢窑产品的重要标准之一。玉璧形底碗是唐代极为流行的碗式之一，但在玉璧底中心凹入部分施釉的却很少，主要有浙江的越窑、山西的浑源窑、河北的曲阳窑和邢窑，这些窑口烧制的碗在碗底中心凹入部分所施釉色也各不相同，越窑为青釉，浑源窑为黑釉，曲阳窑和邢窑为白色，并且仅限于精细的白瓷产品，而曲阳窑白瓷碗玉璧底足露胎处也不像邢窑那样经过精细的加工。

　　2. 长沙窑褐绿彩双系罐

　　编号 M1：36。口部直径 7.6、颈部高 1.3、最大腹径 9.5、底径 8.4、高 12 厘米。斜直唇，口微外敞，斜直领，溜肩，长弧腹，底部微外撇，器底内凹。

　　器体为泥条盘筑后经快轮修整，底部为手制后与器身连接，双耳为泥条贴敷于颈间处而成。胎体细腻，浅灰白色，质地较为疏松，烧制火候较低。

　　器表以浅米黄色低温釉为底色，有细小开片，施釉至近底处，底部无釉。罐内口沿部施釉较厚，其他部分施釉较薄，底部无釉。器身底釉上施彩色釉，肩部装饰有一圈褐色联珠纹，与双耳对应的两侧装饰有褐色联珠纹组成的图案，呈下垂状，内圈再以绿色联珠纹装饰，中心部分为一个绿色圆点，环以褐色联珠纹，总体图案呈莲叶状。双耳下方也有褐绿彩联珠纹装饰，但因部分釉彩脱落，图案不清。

　　因胎质较为疏松、烧制火候较低、年代较早、潮湿土蚀严重、保存条件不好，造成器表局部釉彩剥蚀脱落。

　　该罐胎体制作细腻工整，线条流畅，器表采用褐、绿色联珠纹组成的图案进行装饰，有唐代中亚及西域文化的风格和特点，是唐代长沙窑釉上褐绿彩瓷器的代表性器物之一。

　　此件釉下褐绿点彩莲瓣纹双系罐，为长沙窑所产瓷器的代表性器物之一，在多地均有出土。1970 年，在江苏省邗江县太和九年（835 年）解少卿与蔡氏大中四年（850 年）的合葬墓中，曾出土双耳褐绿彩斑点纹罐和双耳酱釉罐各一件。1993 年 4 月，在福建省武夷山市南部三姑旅游开发区擎日山庄北侧路旁的唐墓中，出土一件斑块状褐彩双系罐，与此次陈元通夫人墓中出土的釉下褐绿点彩莲瓣纹双系罐，从器形到装饰图案均完全一致。

　　长沙窑烧制瓷器的年代，目前较为一致的观点认为兴起于"安史之乱"（唐天宝十四年至广德元年（755~763 年））之际，晚唐鼎盛，五代特别是宋以后突然衰落。窑址分布于湖南省长沙市望城县石渚湖一带，所产瓷器施釉下褐绿彩、褐彩、褐蓝彩、绿彩，装饰手法有模印、贴花等，装饰内容有人物、鹿纹、文字等。长沙窑是在岳州窑青瓷烧造的基础上逐渐创造和发展起来的，长沙窑实际上就是岳州窑的继续和发展。长沙窑的创烧、兴盛及衰落与我国瓷器的外销有直接关系。长沙窑不仅生产可以内销又可以外销的通用产品，还可以根据销往国的不同需要和爱好，专门烧制适应异国需要的外销瓷器，成为我国早期外销瓷器中的佼佼者。目前，国外发现的长沙窑瓷器以朝鲜、日本、印度尼西亚、伊朗较为丰富，泰国、菲律宾、斯里兰卡、巴基斯坦、阿曼、沙特阿拉伯、伊拉克、肯尼亚、坦桑尼亚等国较少。国内出土长沙窑瓷器的地点绝大多数为唐代的商业中心和港口，如扬州和宁波，此外，江苏、浙江、上海、湖南、湖北、安徽、广西、广东、陕西、江西、河南、河北等省市也有出土。

　　长沙窑瓷器为适应外销的需要，大胆地运用褐绿彩绘，以增加瓷器的装饰性和色彩效果。此次发掘 M1 出土的釉下褐绿点彩莲瓣纹双系罐，画面简洁流畅，所绘莲瓣寓意一心向佛，所绘莲籽寓意多子多福。点彩是典型的伊斯兰装饰风格，绿色也是伊斯兰喜好的颜色，而莲瓣和莲籽则反映出佛教文化的影响。长沙窑瓷器在烧造工艺上与唐代同时期的越窑、邢窑、耀州窑的瓷器相比，烧成温度较低、吸水率较高、瓷化程度不高。直口卷唇、双耳、短颈、长弧腹的造型都吸收了西亚、波斯的艺术风格。

瓷器较重且易碎，古代主要靠水路运输，从地下出土的长沙窑瓷器的数量来看，长沙窑虽然距离长沙非常近，但比例却低于武昌数十倍，原因是长沙窑在长沙的下游。长沙窑瓷器的运输是从湘江顺流而下，经岳州、洞庭湖到达武昌，再沿长江到达扬州，并以扬州作为主要集散地再由明州（今宁波）运往海外。

唐贞观十七年（643年），太宗谕令在广州、泉州、扬州置"三路市舶司"，以鼓励对国内外的商业贸易。长沙窑瓷器以外销为主，但在广东发现的不多，泉州则至今未曾发现。此前，在福建省福州怀安的唐代窑址中，曾出土有仿长沙窑饰釉下褐色团彩的瓷器，但从未出土过长沙窑的瓷器，邢窑的产品在福建也未曾发现。唐代长沙窑的釉下彩瓷和邢窑的白瓷都以扬州作为重要的集散地，武昌是长江中游的水运枢纽，墓葬中出土的长沙窑瓷器主要集中在武昌一带。陈元通曾在鄱阳湖南岸边的余干任县尉，后又任婺源县令，都与武昌及长江水系相去不远。因此，陈元通夫人汪氏墓中出土的长沙窑褐绿彩双系罐和邢窑白瓷碗，应是陈元通在江西任职期间获得后带到厦门岛的。

1998年，德国的一家打捞公司在印尼勿里洞岛附近的爪哇海域发现的"黑石号"沉船，是目前世界上发现的年代最早的阿拉伯沉船之一，船上发现了唐代长沙窑褐绿彩双系罐和邢窑白瓷碗，其中，长沙窑褐绿彩双系罐与陈元通夫妇墓中出土的完全相同。

二 陈元通夫妇墓出土的银器

陈元通夫妇墓出土的一批银器均出自陈元通夫人汪氏墓（M1），数量较多，种类齐全。陈元通墓早年被盗，鉴于该墓葬形制与其夫人汪氏墓基本相同，年代早于汪氏墓6年，等级应高于汪氏。据此推断，在陈元通墓中应随葬有银器或金器，但已被盗走。

M1中出土的银器按用途可分为生活器皿，如银碗、银长杯（盏）；生活用具，如银则、银筷、银盒等；发饰，如银簪、银钗等。加工工艺使用了锻打锤鍱、錾花、刻划、鎏金、镂空、焊接、旋切、抛光等多种。出土银发钗、银发簪有多件，式样不同，唐代重美发，喜高髻，发髻上面最为流行的是发钗，无论金制或银制都很长，有的钗装饰很精美，在提梁两边刻花，纹饰有蔓草纹、菱形纹、联珠纹等。插戴钗的数量不等，唐代诗人施肩吾《收妆词》中有"柱插金钗十二行"的词句，唐代新城公主墓壁画中有一位少女插戴6只钗，可见唐代妇女插钗数量之多。

在出土的银器中有2件比较重要。

1.银鎏金摩羯纹多曲碗

编号M1：23。口沿最大直径17.2、圈足外径10.8、圈足高2.9、通高8.7厘米。口沿分五瓣，腹部亦分五瓣，且分瓣明显、相互对应，状似仰莲花瓣，底部焊接有圈足。碗内底部以摩羯鱼图案为中心，至碗口处共有四层图案，有图案处均鎏金，碗内底中心为锤鍱出凸起的摩羯鱼戏双珠图案，摩羯鱼高鼻、双翼、叉形尾，呈逆时针方向游动状，衬以錾刻的细密波浪纹，第一圈为环绕中心锤鍱出的凸起的联珠纹，第二圈为錾刻的条带状卷草纹，第三圈位于碗壁中部，由錾刻的旋纹间以交叉线组成；第四圈位于口沿处，为錾刻的长尾凤鸟纹、西番莲和下部一圈细小联珠纹连续图案组成的条带，条带间隙处也饰有凸起的细小珠纹装饰。圈足外侧底部錾刻有一圈回形纹装饰。

此件摩羯纹多曲鎏金银碗的摩羯鱼、卷草纹等图案，使它具有了宗教的含义。在古印度神话中，摩羯是一种长鼻利齿、鱼身鱼尾的神异动物。从公元前 3 世纪中叶开始，摩羯图案就出现在古代印度的雕像、绘画当中。摩羯在印度绘画中被表现为眼睛很大，眼皮附加叶状装饰，长鼻上卷，背鳍特别粗大而异乎寻常的鱼类。所谓"摩羯"是梵语译音，或作"摩伽罗"，人们将它视为河水之精，生命之本。摩羯图案在东晋时随佛教传入中国，在唐代金银器装饰上较为常见，但形象已变得神异、复杂，具有明显的中国特点。

此碗设计图案复杂，制作精美，广泛使用了錾刻、锤鎪、鎏金等工艺技法。造型和构图与美国旧金山博物馆收藏的 9 世纪鹦鹉纹多曲银碗类似，只是碗内底中心的图案不同。在一些陶瓷器上也发现有摩羯纹图案的装饰,湖南省博物馆和长沙市都收藏有唐代长沙窑釉下褐绿彩摩羯纹壶。1998 年，在印尼苏门答腊南端彭家山岛附近名为勿里洞岛周围海域发现的一条沉船中，有长沙窑瓷器、邢窑白瓷、白釉褐绿彩瓷以及数百件越窑青瓷，其中，长沙窑褐釉碗上最早属款的是唐宝历二年（826 年）。据研究，这是一艘阿拉伯商船，在越窑青瓷中有一件巨型摩羯鱼塑件，尾巴后翘，鱼头仰天，似作油灯之用，在苏门答腊巨港也有数件从穆希河里出水的摩羯鱼油灯。当地将摩羯鱼作为佛教象征受到崇佛民众供奉，以摩羯大鱼来比喻菩萨，寓意以爱念缚住众生，不到圆寂成佛终不放舍。摩羯鱼也是水神，常在河里游逡，拯救将沉之船。

摩羯鱼呈左右双叉、上下摆动的鱼尾和向上喷出的水柱，说明其原始形态应该是从海洋中的哺乳动物演化而来，这些特征与海洋中的鲸类或海豚相同，而海豚的体型较小也不凶猛，因此，摩羯鱼图案的形态最有可能是从鲸演化而来。近年的科学研究证明，鲸不但是海洋中最大的动物，而且是有攻击性的动物，科学家就曾观测到逆戟鲸咬杀居于海洋中食物链顶端的大白鲨的场面。相信古代人也会观察到这样的场面，因此，将其作为神鱼来崇拜就是很自然的了。

黄金、白银是人类最早发现和使用的金属之一，从天然到人工冶炼走过了漫长的道路，由于资源存量少、冶炼难度大，因此，与其他金属不同的是它们又一直是人类财富的标志和象征。唐代由于受到外来文化的影响，金银器大量制作和使用，但被皇家所控制，到了唐代中晚期，金银器的制作和使用才开始走向民间，而此件银鎏金摩羯纹多曲碗的图案，又使它具有了宗教的意义。据齐东方先生对唐代金银器的研究，"8 世纪中叶以前的制品主要出土于北方中原地区，能够确定南方地区的很少。8 世纪中叶以后的制品出土和制作于南方的大增"。从 9 世纪金银器的北方中原地区器物群与南方器物群相比较，就能看出中晚唐时期金银器的南北区别，他认为："中晚唐的金银作品普遍流行多曲瓣器形的做法，但南北风格并不完全相同。南方器物的曲瓣十分醒目，北方却比较含蓄。"陈元通夫人汪氏墓中出土的此件摩羯纹多曲鎏金银碗，与 1958 年陕西省铜川市耀县柳林背阴村出土的鎏金鸿雁纹四曲银碗在器形上相类似，两者比较，陈元通夫人汪氏墓中出土的此件银碗曲瓣更为明显，应该是南方地区所制作的器物。

2. 长柄鎏金银则

编号 M1：28。长 27、宽 4.2 厘米。柄部正面錾刻鱼子地蔓草飞鸟纹，图案鎏金。则，或称茶则，为量器。是煮茶时为了掌握所用茶末的数量的量取用具。茶则与茶匙曾被混为一物，实际则与匙有所不同。则，长柄，前部扁长，头部略方，较浅。唐陆羽所撰《茶经》是我国第一部关于茶的专门著作，书中对茶的性状、品质、产地、采制烹饮方法及用具等都进行了论述，其中在茶具中写道："则，以海贝、蛎蛤之属，或以铜、铁、竹、匕策之类。则者，量也，准也，度也。凡者水一升，用末方寸匕，若好薄者，减之故云则也。"茶则不仅是量器，而且在点茶时还用以击拂、搅拌汤花使茶末溶于汤中。北宋书法家蔡襄（1012~1067 年）在《茶录·茶匙》中云："茶匙要重，击拂有力。黄金为上，人间以银铁为主。竹者轻，建茶不取。"陈元通夫人汪氏墓中出土的这件银则，器形较大，柄部图案处鎏金，錾刻的花纹精美。银则曾在多地发现和出土，如 1982 年江苏省镇江市丁卯桥发现的一处唐代银器窖藏中出土过一件，在陕西省西安市东郊国棉五厂的唐代墓葬中等多地都曾发现过银则，但从器物的体量大小到制作的精美程度都不及陈元通夫人汪氏墓中出土的这件银则。银则的使用后世得到延续，直到清代，在皇宫中仍在使用。沈阳故宫博物院藏清代御用餐饮器皿中即有一件银则，通长 17.4、匙宽 3.5 厘米，柄框线之内刻有鎏金"吉祥如意"4 字，柄后刻有楷书"德华"、"足纹"字样。

银鎏金摩羯纹多曲碗和长柄鎏金银则等银器的发现，表明唐代晚期我国南方地区使用银器的广泛性，在银器制作的工艺水平上达到了相当高的程度，佛教深刻地影响中国社会，而饮茶之风盛行。

第二节　考古发掘的意义及学术价值

一　考古发掘的意义

福建地处我国的东南沿海地区，汉唐时期远离中国的政治、经济和文化中心，属于当时欠发达地区，保留下来的这一时期的文化遗存相对较少，等级也较低。

福建省目前发现的唐代墓葬有砖室墓、土坑墓、土洞墓三种形制，其中土坑墓居多。随葬品以青瓷明器为主，实用器很少，个别墓中出土铁刀、铜钱等。

在陈元通夫妇墓发现之前，福建省发现的唐代砖室墓如下。

1. 1939 年，集美中学，在安溪县城东南约 1 千米（现安溪一区顶园乡）发掘了"唐上柱国刺史武吕墓"等 6 座；1955 年又由安溪县文化科、安溪县文化馆在与此相距 100 米处清理了一座唐墓。墓葬形制均为券顶砖室墓，单室，规格与陈元通夫妇墓相近，墓室前部左右各有一个拱门，门洞内有小壁龛，出土了陶瓷器。

2. 1954 年，福建省文管会与晋江办事处，在南安县一区梅亭村后白叶岭坡上清理发掘唐代墓葬 3 座，其中 1 号墓的墓砖上印有"咸亨元年岁次庚午魏家墓"，唐高宗咸亨元年为 670 年。此墓为券顶砖室墓，单室，规格与陈元通夫妇墓相近，有砖砌棺床，出土有陶瓷器。

3. 1958 年，福建省文管会与漳浦县文化馆，在漳浦县刘坂乡大山水库北 150 米处的取土区清理发掘一座墓葬，叠涩锥形顶，砖室单室，墓葬全长 5.08、宽 1.1、高 1.4 米，分门道、前室、后室三部分，其中，门道长 0.5、宽 0.82、高 0.98 米，前室（主室）长 4、宽 1.1、高 1.4 米，后室与门道相同，只是长了 0.8 米。墓室两侧墙壁各有 5 个壁龛，后室与陈元通夫妇墓墓室后壁大壁龛相同，墓室用灰黑色砖砌成，砖长 26、宽 14、厚 30 厘米。

墓中出土陶器 46 件，其中，人俑 29 件、动物俑 16 件（4 件残）、陶灶 1 件（出自后室）。瓷器 11 件，均为灰白色胎体，豆青色釉，釉均不及底，其中，双耳罐 3 件、双大耳罐 2 件、双耳小瓷罐 1 件、瓷碗 4 件、瓷壶 1 件。还有木梳 1 件、铜牌 1 件、"开元通宝"铜钱 44 枚。年代"不会早于中唐，下限不出五代"。

4. 1997 年，厦门市文物部门因工程建设需要，在厦门市湖里区禾山镇下忠村西侧山坡清理了一座唐代墓葬。地表墓碑上镌刻楷书"唐侍御薛公墓"，落款"乾隆乙丑年（1745 年）"。墓葬位于地表下 1 米处，为长方形砖砌墓，顶部无存，墓室长 3.8、宽 1、高 1.04 米。墓壁四面有 12 个壁龛，分别放置十二生肖俑、男女侍俑及兽俑。墓底前后各有 1 个腰坑。出土有方形铜镜、鸳鸯莲荷双鱼纹银碗、双鱼纹银盏、铜勺柄、箕形石砚、青瓷罐、"开元通宝"铜钱及棺钉等共 29 件。银器底部有后刻划的不规则"薛瑜"、"瑜"等字。据此推断，此墓墓主为薛瑜。

与福建地区已发现的唐代墓葬相比，陈元通夫妇墓的规模最大、等级最高，所出土的文物种类繁多、档次最高，是目前福建地区最重要的唐代考古发现。

二 学术价值

陈元通与其夫人汪氏墓中出土的两通墓志铭，明确记载了当时的厦门岛属同安嘉禾里，这是关于今厦门岛地名的最早记载，对研究厦门的地方历史有重要意义。墓志铭中记载了陈元通的家族世系，为研究陈氏家族到达和开发厦门岛的时间提供了重要依据。

陈元通夫妇墓中出土的银鎏金摩羯纹多曲碗、鎏金银头饰、长柄鎏金银则、邢窑白瓷碗、釉下褐绿点彩莲瓣纹双系罐等，体现了高超的工艺技术，反映了唐代经济的南北交流和发展的水平，以及中外文化相互影响。

从墓葬中出土的银鎏金摩羯纹多曲碗以及棺床立面装饰的壶门纹砖判断，当时佛教盛行，深刻影响着社会生活的方方面面。规格较大、制作精美的长柄鎏金银则说明饮茶已是人们日常的生活习惯，用具也十分讲究。

陈元通虽只是唐代晚期的一名低级官吏，但是使用和随葬了来自各地的较高等级的日用器皿，反映出当时商品经济交流的活跃，南方地区的经济得到了快速发展。以前一直被皇家垄断和使用的银器，在唐代晚期已在低级官吏及民间比较广泛地使用。随葬的精美瓷器和鎏金银器及其他丰富的物品，反映了当时存在于官宦阶层中的奢靡之风，也说明当时南方地区经济社会的发展达到了相当高的的程度。

附录

福建唐代陈元通夫妇墓出土银质文物保护修复报告

项目名称：福建唐代陈元通夫妇墓出土银质文物保护修复报告

施工地点：中国文化遗产研究院金属保护实验室

委托方：厦门文化遗产保护中心

承担方：中国文化遗产研究院

报告执笔：马菁毓

参加人：张可　富永海　程博

审核：詹长法

审定：马清林

起止时期：2008 年 1 月至 2009 年 1 月

一　文物出土概况

福建厦门仙岳路后坑村段考古发掘的陈元通夫妇墓，距今约 1150 年。2004 年初进行考古发掘，是福建省迄今为止发现的规模最大的唐墓，也是厦门有史以来最重要的考古发现。墓中出土的 60 多件文物的级别是厦门历来的最高档次，具有很高的研究价值。墓室出土地点在薛岭的南边，证明了开发厦门的两大姓氏——南陈北薛确实存在。

本次出土的银制品，很多纹饰是中东、波斯银器的装饰花纹，如联珠纹、鱼子地纹等，不仅展示了唐代登峰造极的金银器制作工艺，也反映了唐代社会的对外开放程度。但银器出土时，全部色泽晦暗，有的薄脆易碎，一触即碎，保存状态极其不稳定。对这批文物进行保护修复，成了迫在眉睫的任务。2007 年 11 月，厦门文化遗产保护中心委托我院进行保护修复处理。2008 年，我院成立保护修复小组，于 2007 年 11 月 ~2009 年 1 月，对此批文物进行了保护处理。

为了解此类文物的腐蚀状况及原因，更有针对性，从而能有效地对文物实施保护处理，项目组在对银文物进行微观结构观察与分析的基础上，历时一年，对 13 件银质文物进行了保护修复处理，

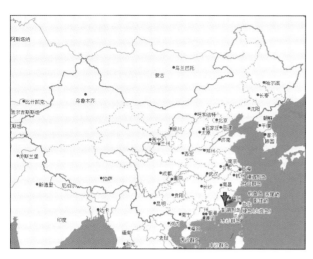

图 1　厦门地理位置图

使文物达到比较稳定的状态。

二　文物出土地域概况

福建地处我国东南部、东海之滨，陆域介于北纬 23°30′~28°22′，东经 115°50′~120°40′，东隔台湾海峡，与台湾省隔海相望，东北与浙江省毗邻，西北横贯武夷山脉与江西省交界，西南与广东省相连。福建属于中国华东地区。厦门属亚热带气候，温和多雨，年平均气温约 21℃，夏无酷暑，冬无严寒。年平均降雨量 1200 毫米，每年 5~8 月份雨量最多，风力一般 3~4 级，常向主导风力为东北风。

福建土壤主要为酸性红壤，基本特点是黏粒矿物与高岭土类为主，所带负电荷很小，土壤对酸的缓冲性能很弱，易被酸化（图 1）。

三　文物保存状况初步分析

1. 表面观察及 X 光探伤检测分析

银质文物腐蚀状况比较严重，边缘呈现易碎、易断状态，并且有的文物已经出现断裂和残缺现象。表面为土黄色、黑色物质覆盖，纹饰细节无法识别（图 2.1）。

所用仪器型号及测量条件：日本索福泰克斯株式会社（SOFTEX，VIX-150）软 X 射线机。靶面材料：钨。最大电流 3MA，最大电压 150KV。X 照射最大直径 170 毫米。配有数字即时成像系统。

X 光探伤分析结果可看出多数物体的整体厚度不均匀，尤其在边缘部位腐蚀矿化严重，局部还

1. 凤鸟 2 原始状态照片
表面的褐色、黑色沉积物

2. 凤鸟 2 X 光照片
样品编号：XM-02-1；整体铸造不均匀，边缘腐蚀矿化严重，有裂隙

图 2　凤鸟 2 照片及 X 光照片

有细小裂隙（图 2.2）。

2. X 射线荧光光谱仪分析

SHMADZU EDX-800HS X 射线荧光光谱仪（XRF），可直接对小型器物进行元素组成分析，从而有助于帮助判断沉积物包裹下文物的金属和腐蚀物等类别，以便有针对性地制定保护方案。

分析结果显示（详见表 1）：从表 1 可见银含量 60%~99%，检测结果比较分散，但与低银含量相对应的是高氯、高硅含量，而不是其他金属元素，因此首先确定所检测文物全部是银质文物。另外部分样品还检测出金和汞，所以又确定部分可能为鎏金文物。

氯元素含量较高，预示有的文物腐蚀程度较大。可能是来自埋藏环境的氯、硅元素含量较多，氯盐可能是腐蚀产物，硅盐可能是沉积物（需要进一步分析确定）。

表 1　XRF 分析检测表

编号	Ag	Au	Hg	Si	Fe	S	Ca	Br	Cl
鸟金 -1	93.16					2.78		3.9	
鸟金 -5 头	60.76			35.51	1.59			1.72	
鸟金 -2	92.57					2.74		3.93	
鸟金 -3	88.46			5.12			1.83	4.14	
鸟金 -4 头	71.36			23.55	2.63			1.91	
鸟 -1	78.95			4.95				1.05	14.81
鸟 -3	77.87			4.39				3.42	14.82
鸟 -4	88.63			6.46		3.06		1.85	
鸟 -2	93.70			4.14				1.741	
龙金 -1	72.52	9.02	1.38				1.32	1.54	13.74
龙金 -2	75.24			2.04				2.65	14.46
龙金 -3	86.23			12.90					
龙金 -4	63.30			25.37					10.59
金花 -1	63.47	30.32	3.84						
金花 -2	84.82			9.29	2.94				
花 -1	70.53	17.81	3.7			3.05	2.54		
花 -2	69.80			18.97	3.88			5.53	
银盒子	68.65			16.18	1.04			1.72	11.87
残块 -1	64.72			22.82	1.19				9.87
残块 -2	68.47			16.34	4.00				7.24
钗 -1	96.70					2.35			
钗 -2	82.16							3.11	14.48
钗 -3	96.78					2.91			
方筷子 -1	63.22	20.55	3.98			5.19			4.3
方筷子 -2	79.42	12.24	2.68			1.57		3.75	

续表 1

编号	Ag	Au	Hg	Si	Fe	S	Ca	Br	Cl
勺	96.68			1.52					1.73
筷子 -4	98.62								
筷子 -5	99.50								

仪器型号：EDX-800HS（日本岛津公司制造）。测量条件：铑靶（Rh）电压：Ti-U 50Kv；Na-Sc 15Kv；测量环境：自然环境；测量时间：240s。

3. 文物保存状况初步分析

经过观察和初步检测分析，确定所检测需进行保护修复处理的文物全部是银质金属文物，其中一部分带有鎏金层。银质文物表面有比较厚的硅盐类沉积物层和氯盐腐蚀层。

X 光检测显示在文物表面出现断裂和缺失，局部有肉眼看不到的细小裂隙，边缘部位发白，可能是边缘已经全部矿化。根据荧光光谱仪分析所显示的高氯元素含量，预示出有的文物腐蚀程度比较大。

四 制造工艺分析

1. 金相分析

采用日本 Olympus 金相学光学显微镜，目镜 10×，对银质样品 XM-06-1 进行观察与分析并拍摄照片。

样品的金相组织含有等轴晶和孪晶组织，晶界平直，晶粒大小不均匀，为热锻加工组织。两侧边缘处的晶体发生变形，表明经过冷加工。

日本 Olympus 金相学光学显微镜，目镜 10×。脱落的碎片作为样品，经环氧树脂包埋、磨抛后，用重铬酸盐硫酸溶液浸蚀后，在金相显微镜下观察金相组织，并拍摄照片。

2. 制造技术分析

在电镜下，对样品的原始层和鎏金层厚度进行测量。测量方法如图 4，测量结果如表 2。

其中 3 件装饰品的原始厚度为 0.2~0.3 毫米，银盒略微厚些为 0.6 微米，每个文物的鎏金层都比较均匀。鎏金层厚度：厚的 16 微米，薄的仅 5.5 微米。详见表 2。

电镜与 X 荧光光谱分析结果比较，都发现金层含金和汞。在电镜下观察发现金层的厚度很薄，且与基体表面相接十分紧密，因此初步判断是鎏金。选择小而平直的带鎏金层银片，编号 OZ-B-05，直接粘在样品台上进行检测分析，分析结果如图 5。表面鎏金层的衍射图与 PDF42-1421 卡相匹配，分子式是 $Au_{0.36}Hg_{0.52}Ag_{0.09}Cu_{0.02}$，表面鎏金层的主要成分是金、银、汞、铜化合物。从而确定使用了鎏金工艺。

鎏金有两种方法，一是刻好花纹再鎏金，二是鎏金后再刻花纹。从图 6 电镜照片看，纹饰区的鎏金层完整而流畅，显然是刻好花纹后再鎏金。

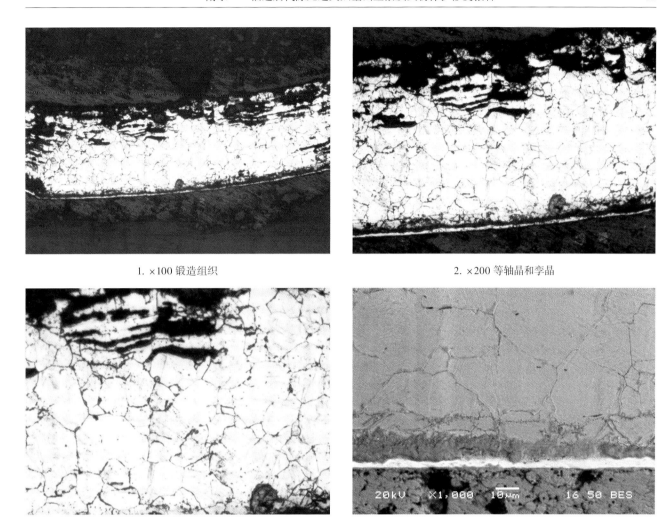

1. ×100 锻造组织

2. ×200 等轴晶和孪晶

3. ×400 等轴晶和孪晶

4. ×1000（电子显微镜）边缘晶粒比较小、晶体变形

图 3　XM-06-1 金相组织

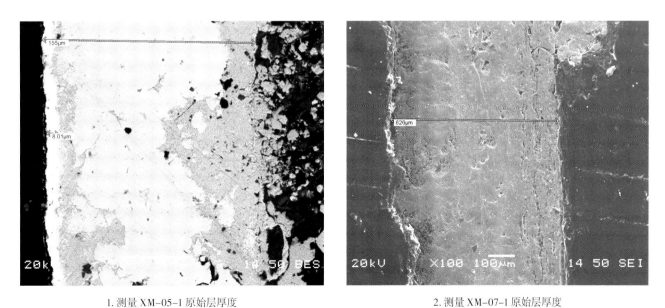

1. 测量 XM-05-1 原始层厚度

2. 测量 XM-07-1 原始层厚度

图 4　测量原始层厚度

表2　原始层厚度及鎏金层厚度测量结果

文物编号	样品编号	原始层厚度（微米）	鎏金层厚度（微米）
残片	XM-00-1	290	16
花1	XM-05-1	155	8.0
花金2	XM-06-1	258	5.5
盒	XM-07-1	626	无
鸟1	XM-02-1	430 约（原始层破坏）	9

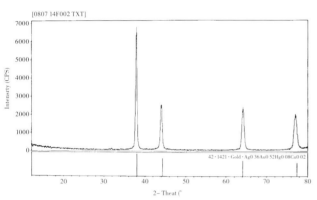

图5　表面金层的 XRD 检测　　　　　　　　图6　錾刻与鎏金层制作的次序关系

　　为形成立体感觉，多数发饰品采用了锤鍱和錾刻相结合的工艺。通过观察和金相分析，6件饰品首先经过锤鍱制成轮廓形状，然后再錾刻细部纹饰，此外还使用了镂空技术来加强效果。唐代金银器上流行的珍珠地纹，也见于多个纹饰上。

五　成分及腐蚀产物分析

　　为了解这批文物内部结构的状态，确定腐蚀产物。我们对文物样品进行了如下分析。

　　1. 成分分析和腐蚀产物 XRD 分析

　　选择小而平直的银片直接粘在样品台上，对表面腐蚀产物进行衍射光谱分析。X 射线衍射结果如图5，通过与标准卡片 JCPDS 给出的 d 值进行比较，见表3，检测结果主要物质是 AgCl、Ag。确定腐蚀产物主要是 AgCl。

　　2. 显微硬度测量

　　脱落的碎片经环氧树脂包埋、磨抛后，用重铬酸盐硫酸溶液浸蚀后，编号为 XM-06-01、XM-00-01，分别进行显微硬度测量，测量方法见图6，测量结果见表4。图6中间明亮地区为金属本体区，暗红色为腐蚀区。测量结果显示：金属区的硬度值约60，金属腐蚀区的均值仅约14，腐蚀产物的出现造成所在区域的硬度明显降低。

3.断面分析

扁头钗薄而脆,已经断裂成4块,选取其中带纹饰的一个小块作为样品,编号 OZ-B-05,用导电胶直接粘在样品台上,用 SEM 对断面进行观察分析。

从图 9.1 可见:样品总厚度约 1.1 毫米;腐蚀区最大厚度 0.4 毫米,接近一半的厚度是腐蚀产物。鎏金层一侧腐蚀产物比较薄。两侧氯元素含量

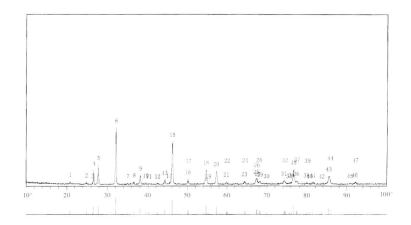

图 7　X 射线衍射图谱

仪器型号:MSAL.测量条件:铜靶;狭缝:DS=SS=1°,RS=0.30MM;
电压:40KV;电流:100mA

表 3　X 射线衍射分析结果

编号	AgCl d(Å)标准	样品 d(Å)	样品 I%
1	3.2037	3.2103	327
2	2.7745	2.7781	999
3	1.9618	1.9642	751
4	1.6730	1.6750	255
5	1.6018	1.6040	224
6	1.3872	1.3888	98
7	1.2730	1.2755	54
8	1.2407	1.2411	243
9	1.1326	1.1350	143

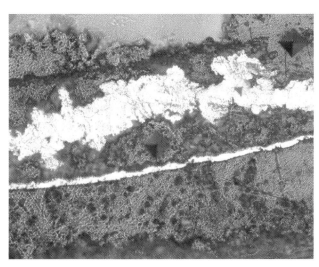

1. XM-00-01

2. XM-06-01

图 8　显微镜下鎏金银制品断面的显微硬度测量图

表 4　显微硬度分析结果

试样编号	试样原号	1	2	3	4	5	均值	备注
B03080005	XM-06-01	49.7	51.5	68.8	68.4	68.2	61.3	白色金属处
		15.2	13.9	14.3	14.7	13.8	14.4	黑色腐蚀区
B03080006	XM-00-01	66.1	62.7	56.5	59.5	55.5	60.1	白色金属处
		14.3	14.7	13.8	15.1	14.6	14.5	黑色腐蚀区

检测设备：Leica 显微维氏硬度计；检测依据：GB/T 4340.1–1999。显微镜照相使用滤光片。

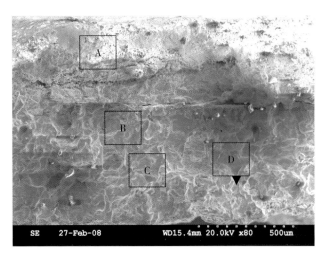

1. 扫描电镜分析　　　　　　　　　　　　　2. 扫描电镜分析

图 9　扫描电镜断面分析结果

电镜下测量：样品 OZ–B–05 厚度为 1.1 毫米；腐蚀区最大厚度 0.4 毫米

很高，中心区域主要是银元素但也含少量氯元素。在样品的边缘检测出少量金、铝、硅镁等元素。

从图 9.2 可见：对 B 区放大后测量晶体及晶界元素含量，晶界氯元素含量明显偏高；晶界存在一些明显裂隙。

日立公司 S-3600N 型扫描电镜（SEM），加速电压 20KV，样品用导电胶直接粘在样品台上喷碳后观察；EDAX 公司 DX-100 型 X 射线能量色散谱仪（EDS），工作电压 15KV。对样品 OZ-B-05 进行扫描电镜形貌观察及能谱分析（图 9；表 5）。

4. 金属及腐蚀物成分分析

脱落的碎片作为样品，经环氧树脂包埋、磨抛后，用重铬酸盐硫酸溶液浸蚀后，进行 SEM-EDS 检测分析。结果显示如下。

（1）腐蚀区银、氯原子比接近 1∶1，应该是氯化银，与衍射结果一致。金属区检测到少量氯元素。

（2）金层区域显示含汞和少量银，含汞说明金层是鎏金处理残留的汞元素。

（3）金属内部存在少量银、铅颗粒。检测临近的晶界处发现少量氯元素，但银、铅颗粒区域并没有发现明显的氧化作用和氯元素。银、铅颗粒的存在说明在冶炼过程中有铅的参与，可能银是采

表5 图9扫描电镜能谱分析结果（Wt% / At%）

编号		Ag	Cl	Mg	Al	Si	Au
图6.1	A	75.1/50.1	18.5/37.7	0.9/2.7	2.2/5.9	1.1/2.9	2.2/0.8
	B	96.1/86.9	1.5/4.1	1.1/4.5	0.7/2.5	0.6/2.0	
	C	96.6/88.7	2.0/5.6	1.0/4..2	0.4/1.5		
	D	86.2/65.4	10.3/23.8	1.2/4.1	1.4/4.2	0.9/2.6	
图6.2	A	98.6/94.1	0.1/0.4	1.0/4.4	0.3/0.4		
	B	92.7/79.4	5.8/15.2	1.0/3.9	0.5/1.6		

表6 厦门陈元通夫妇墓出土银器样品的合金成分分析结果（Wt% / At%）

测量点	Ag	Cl	Au	Hg	Pb	Cu	Si	Al
1	98.9/96.8	1.1/3.2						
2	80.8/58.0	19.3/42.1						
3	75.8/50.8	24.2/49.2						
1	16.6/26.7	–	77.6/68.3	5.8/5.0				
2	10.0/16.9	–	72.8/67.4	17.2/15.7				
3	90.2/75.1	9.9/24.9						
1	58.1/72.7				41.9/27.3			
2	50.6/66.3	–			49.4/33.7			
3	99.4/98.1	0.6/1.9						
6	98.6/95.9	1.4/4.1						
1	59.8/72.9				39.1/24.8	1.1/2.3		
2	81.3/87.5				17.0/9.53	1.65/3.0		
3	99.1/98.5					0.9/1.51		
1	10.8/18.1		89.2/81.9					
2	79.0/54.8	19.8/41.9						1.2/3.3
3	99.6/99.1	0.2/0.7				0.1/0.2		
1	100/100	–						
2	76.6/51.2	21.7/44.1						1.7/4.6
3	73.4/47.1	25.0/48.9					0.5/1.3	1.1/2.8
1	77.37/52.9	22.6/47.1						

用"灰吹法"冶炼。

分析结果显示，样品XM-00-01、XM-05-1与XM-06-01的腐蚀情况类似。边缘是氯化银，内部是含少量氯离子的金属银。XM-05-1内部的银、铅颗粒，含有少量铜。Al、Si元素在金属内部区域没有发现，仅仅是在腐蚀区域发现，因此确定是外来物。XM-07-01样品显示全部是氯化银，银的金属本体已经不存在。另几处检测点显示出没有腐蚀区域的高银含量。金属成分为银含量大于98%，并含微量 Pb、Cu。

日立公司 S-3600N 型扫描电镜（SEM），加速电压 20KV。脱落的碎片作为样品，经环氧树脂包埋、磨抛后，用重铬酸盐硫酸溶液浸蚀后，检测分析。

5. 腐蚀形貌观察

综上所述，银金属两侧表面为氯化银，原始表面层在仪器中还可分辨，氯化银越过原始表面层和鎏金层，少量的腐蚀元素顺晶间和划移带深入发展，直到全部转换成腐蚀物。及根据 XRD、SEM 分析检测结果，个别样品已经没有金属芯，全部是腐蚀物。

在划移带区域腐蚀相对严重。金层歪曲处是錾刻的纹饰区，腐蚀层也明显加厚。表面的加工手段改变了内部晶体的形状，促进了腐蚀的发展。外部形状虽然看不出变化，但内部腐蚀物已经贯穿横断面。

日立公司产 S-3600N 型扫描电镜（SEM），加速电压 20KV，样品用导电胶直接粘在样品台上观察，工作电压 15KV。

从 SEM 分析结果可知，金属本体区也有不同程度的氯元素含量，晶体边界处氯元素含量高于晶体内部。从图 11 可清晰看到晶界处的腐蚀产物，并沿晶界发展。从图 12、13 可看到有的晶界处存在一些裂隙。这些裂隙破坏了原子间的结合力，与晶间腐蚀共同作用，致使合金颗粒化。

图 14 中可见腐蚀层下面的巨大横向裂隙和细小纵向裂隙。产生的原因可能是厚重的腐蚀层产生应力导致裂隙。也可能是制造时就存在加工缺陷，腐蚀产生的应力促进裂隙的发生、扩大。

6. 锈蚀机理

出土的银质文物，可以用电化学理论来解释锈蚀机理。发生如下式的氧化还原反应：

$Ag \rightarrow Ag^+ + e^-$

$1/2O_2 + H_2O + 2e^- \rightarrow 2OH^-$

AgCl 晶体的形成：由于 AgCl 在水中溶度积为 1.8×10^{-10}，容易在表面形成过饱和溶液。相对过

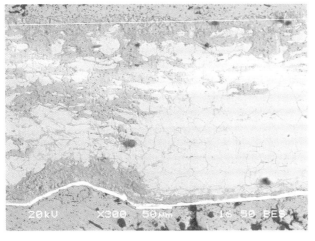

图 10   表面腐蚀

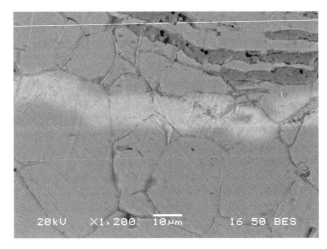

图 11   晶间腐蚀

量的 Cl⁻ 促进 AgCl 的溶解和迁移，促进了晶体的生成。反应过程可用下式表示：

$$Ag^+ + Cl^- = AgCl \downarrow \qquad AgCl^+ Cl^- = [AgCl2]^-$$

在局部环境中，反应物沉积在表面形成表面沉积层，一方面由于沉积层在表面对氧的迁移和扩散造成困难，因而使氧的供应量不足；另一方面由于氧在反应过程中的消耗，使得还原反应只能在氧供应充足的阴极区域进行，沉积层的下面只能进行氧化反应。随着沉积层下阳极反应的进行，使那里的金属离子数量增多，为了维持体系内的电平衡，沉积层外的活性阴离子，特别是 Cl⁻ 会很快向内迁移，从而在沉积层下形成高浓度的氯化物盐类。盐类经水解而生成 H⁺，反应过程如下式：

$$AgCl + H_2O \rightarrow AgOH + H^+ + Cl^-$$

H⁺ 浓度在体系中的增加，使沉积层下的金属遭受更强烈的腐蚀。流向沉积层外的电流又使层外区域形成阴极保护，由此可见，这一腐蚀过程也就成了自催化过程。

7. 小结与讨论

综上所述，本批银制品为纯度相当高的银制品，银含量达 99%，并含有少量金、铅和铜。表面金层由于同时存在汞元素并结合层的厚度判断为鎏金。银金属内含有少量铅－银颗粒，由此判断银采用"灰吹法"冶炼。

X 衍射分析及扫描电镜分析表面的腐蚀产物为氯化银。显微硬度检测可知腐蚀产物的出现降低了银制品腐蚀区域的强度。晶间腐蚀和内部裂隙的出现，减弱了原子间结合力，从金属结构内部上降低银制品的强度。表面腐蚀和结构内部缺陷两种作用相互促进，导致此批出土银文物不仅腐蚀严重，并且在外部宏观特性上出现了脆、易断裂的特性。

银制品的外表面都存在腐蚀产物，有鎏金处理的一侧表面腐蚀深度比较浅，鎏金处理对银制品有一定的保护作用。

图 12　SEM 镶嵌样品的裂隙

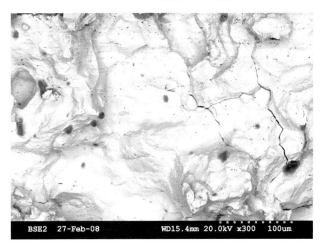

图 13　SEM 断面下的裂隙

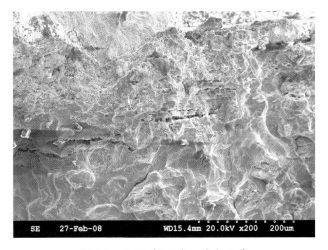

图 14　SEM 断面的二次电子像

检测的文物样品均腐蚀比较严重，甚至出现完全腐蚀的现象。鉴于在保护处理文物过程中，获取样品不能对文物有丝毫损坏，因此样品都是文物边缘破损掉落的残片（这些残片都微小并且无纹饰，无法拼接回文物本体）。因此样品腐蚀程度的差异，不能代表文物的不同腐蚀差异，而是代表不同部位的腐蚀差异。此批文物边缘腐蚀比较严重，内部相对保存状况较好，大部分芯部还存在金属。

六　保护处理

1. 确定文物保护处理的技术路线

本次进行保护处理的银制品，从器物外观看，银质的本体颜色及光泽多数已不复存在，表面的沉积物和腐蚀物掩盖了纹饰和鎏金层，有的还出现了残破、缺损。发饰品如钗、簪子等厚度普遍偏薄，多在 0.2~0.6 毫米之间，随时随地都可能发生断裂、破碎。由分析检测结果可知由于腐蚀和结构缺陷，银变得脆弱易断裂，氯元素深入银机体内部，在合适的条件下，会继续发生化学反应。因此保护好这批文物，必须解决以下几个问题。

（1）安全地清洗银制品表面。尤其是在对纹饰区的腐蚀和沉积物进行清洗时，要兼顾文物整体的外观形态不被破坏。

（2）解决好银金属材质的脆性问题，使文物脱离易断、易碎状态。

（3）防止进一步发生化学反应的可能。

2. 文物保护处理方法

（1）清洗

由显微镜下的银断面照片可知，表面覆盖有腐蚀产物，晶间腐蚀已经深入金属内部。原始表面层在样品中可见，理想的保护处理结果是清洗出两侧的原始表面，还文物的历史面貌。但在实际操作过程中，肉眼无法判断原始面，有鎏金层的可处理到鎏金表面，没有鎏金层的一侧要在兼顾文物外观形态下，适当保留、适可而止。

沉积物一般可用蒸馏水或酒精软化去除，或用 EDTA 溶液清洗。对于硬的结壳，可用纸浆或棉花吸收 EDTA 溶液涂敷在表面，软化后再用蒸馏水清洗干净。

去除腐蚀物一般常用白垩粉加水调成糊状，或者用酒精溶液（加几滴氨水）擦洗。$Na_2S_2O_3$ 溶液、硫脲溶液、柠檬酸等都能溶解氯化银，理论证明 $Na_2S_2O_3$ 与氯化银容易发生反应，反应如下式所示，生成水溶性络合物，具有良好的清洗效果。

$$Ag+2Na_2S_2O_3 \rightarrow Na_3[Ag(S_2O_3)_2]+NaCl$$

选择不同浓度溶液进行小面积适用后，选定 5%、10%、20%Na2S2O3 溶液为清洗剂。

银制品用电化学还原方法处理后，表面颜色均匀，整体协调性好。将银制品和锌粉一起浸泡在 5% 的 NaOH 溶液或 NaCO$_3$ 溶液中，发生电化学反应，将银还原出来。待银器恢复到白色时取出，用清水清洗，然后用滤纸将水吸干。

带有鎏金层的文物一般采用涂敷方法，一层层地去除腐蚀物。6 个薄片状的发饰品，为了防止其在清洗时发生断裂，需先在背面用纤维布加固后，再进行清洗。

（2）提高银制品的韧性和强度

对于机械强度很低的脆弱银制品，常采用加温的方法来提高其韧性和强度。国内文献中可见，一般采用比较温和的条件：采用烘箱，在两个小时内，温度从250℃逐步上升到约400℃，并保持一段时间。国外见于报道的方法，受设备的限制较大，有一定实施难度：针对两种情况采用保护气氛下的高温加热，一种是由于结构性问题引起的脆化，在惰性条件、500℃加热0.5~1小时。另一种对于腐蚀、腐蚀与结构协同作用引起的脆化，建议采用氢气条件下、300~400℃加热1小时，然后在700℃加热10分钟。甚至有的学者在实验成功的基础上建议加热到900℃。对于一碰即断的银钗，在清洗后，我们采取了第二种方法，即在氢气还原条件下、300~400℃加热1小时，然后在700℃加热10分钟。获取了良好的强度和韧性。

加热可以提高韧性、提高强度。但热处理会改变微观结构，损失一些文物承载的微观信息。一般是针对严重脆化银文物，进行必要的科学分析后，才能慎重使用。需要注意的是不同的银合金，融化温度不同，在热处理时要分别对待，以确定合适的加热条件。带鎏金层的文物，由于鎏金层很薄，容易过热熔化渗入银金属，因此鎏金银质文物不能使用加热方法处理。

（3）文物缓蚀与封护

银制品在空气中难氧化，但与H_2S会发生反应。银也与游离的氯、溴、碘相互生成相应的卤化物，而水、热和光会促进其反应。紫外线可分解氧分子，产生活态的氧和离子态的银，形成氯化银，同时也为硫的侵蚀提供条件。化学清洗只是清除掉文物表面的锈蚀物，并不能彻底清除器物内部的氯元素，在有氯离子或H_2S存在的潮湿空气中，可能继续发生新的化学反应，产生新的锈蚀。因此保存银制品必须进行缓蚀与封护。目前使用的封护材料有微晶蜡、三甲树脂等，还有一些高分子材料如聚乙烯醇和B72等。我们采用了5%~10%的B72乙酸乙酯溶液作为表面封护材料。缓蚀剂采用PMTA溶液。

（4）小结

根据实验选取了清洗剂，在分析检测的基础上对含鎏金层银头饰、银脆弱银钗分别进行了清洗、物理加固和加热处理等方法，对每件文物都进行了缓蚀和封护处理。处理后的12件银质金属文物达到了相对稳定状态。

七　文物的保存

银制品在修复之后的展出和日常保管中，还要进行必要的日常维护。

最主要是文物保存环境要杜绝或减少硫、氯物质的渗入，保持展室和库房空气的洁净。对在展柜里陈列的银制品，还要注意防尘和防紫外线照射。控制湿度也很重要，一般相对湿度低于55%就有利于金属文物的保护。

参考文献

1. Beautiful Artifacts from and His Wife's Tomb. www.86art.net/Article/art/gd/200712/.

2. 马清林，David A. Scott：《甘肃省肃南大长岭唐墓出土鎏金银杯金相学研究》，《2002 年材料科学与工程新进展》，冶金工业出版社，2002 年。

3. Russell Wanhill, Embrittlement in Archaeological Silver Artifacts: Diagnostic And Remedial Techniques, *Archaeotechnology,* 2003, October: 16-19.

4. G. Giovannelli and S. Natali, Microstructural Characterization of Early Western Greek Incuse Coins, *Archaeometry* 47, 4 (2005): 817~833.

5. 马清林等编著：《中国文物分析鉴别与科学保护》，科学出版社，2001 年。

Maqing lin et al, *China's Cultural: Analysis, Identification and Scientific Protection*, Science Press, 2001.

6. 马里奥·米凯利等：《文物保护与修复的问题》，科学出版社，2005 年。

Mario Mikkeli et al, *The Issue of Heritage Conservation and Restoration*, Science Press, 2001.

7. 祝鸿范等：《银器文物的变色原因及防变色缓蚀剂的筛选》[J]，《文物保护与考古科学》，2001 年 13 期。

 Zhu Hongfan, et al., Tarnishing of Silver Antiques and Screening of Corrosion Inhibitors in its Prevention [J]. *Sci Conserv Archaeol*, 2001, 13 (1): 15-16.

8. 贾文忠：《银器保养小常识》[N]，《中国艺术报》第 403 期。

Jia Wenzhong. Knowledge of Care for Silver Objects: *China Art.*

9. 罗曦芸等：《陈列银币变色原因初步分析》，《文物保护与考古科学》2006 年 18 期。

Luo Xiyun et al., A Preliminary Analysis of the Discoloration of Silver Coins in Museum Exhibitions, *Science of Conservation and Archaeology*, 2006 Vol. 18 No. 2: 14-19.

10. 肖璘等：《四川彭州出土窖藏银器的锈蚀物分析和保护方法研究》，《第六届全国考古与文物保护化学学术会议论文集》，2000 年，第 43~45 页。

Xiao Lin et al., Pengzhou Silverware Analysis and Research, *The Sixth National Archeology and Preservation of Chemical Academic Conference,* 2000, Fujian quanzhou: 43-45.

11. 李存信：《金银器物的处理修复与保护》，《中国文物保护技术协会第二届学术年会论文集》：1~5。

Li Cunxin, Restoration and Protection of Gold and Silver Relics, *The Second Session of the Academic Technology Association Symposium of China's Cultural Relics*: 1-5.

12. 张光敏等：《松江西林塔地宫出土金饰银、铜质佛像表面处理》，《第六届全国考古与文物保护化学学术会议论文集》，2000 年，第 66~71 页。

Zhang Guangmin et al., Surface Treatment on Gold Silver from Xilinta of Songjiang, *The Sixth National Archeology and Preservation of Chemical academic Conference*, 2000, Fujian quanzhou: 66-71.

13. R. J. H. Wanhill, *Archaeological Silver Embrittlement: A Metallurgical Enquiry,* national aerospace laboratory NLR technical publication NLR-TR-2002-224 (Amsterdam: national aerospace laboratory NLR, 2002).

14. 李秀辉等：《永城梁孝王寝园及保安山二号墓出土金属器物的鉴定》，《中国冶金史论文集》（三 A），2002 年，第 195~202 页。

Li Xiuhui et al., Identification of Metal Artifacts from the King of Liangxia and Baoan Mountain 2nd Tomb, *Essays of China Metallurgical History* (三 A) 2002:195-202.

15. 杨忙忙等：《法门寺金银器的科学保护与技术研究》，《考古与文物》2006 年第 3 期。

Yang Mangmang et al., The scientific and Technological Research on Gold and Silver Cultural Relics from Famen Temple, *Archaeological and Cultural Relics*, 2006 (3): 82-86.

16. R. Wood, To Protect and Preserve, *Materials World*, 8 (2000): 30-32.

附录二

福建唐代陈元通夫妇墓出土银质文物的微观结构分析

马菁毓　张可　程博

（中国文化遗产研究院）

董丹其

（厦门文化遗产保护中心）

摘要：利用金相、XRD、SEM-EDS、显微硬度分析等，对福建唐代陈元通夫妇墓出土银质文物进行了微观形貌分析。确定了腐蚀产物，观察到几种不同的腐蚀形貌，揭示了银质文物易脆裂的内因。提出保护处理文物时，对银制品的脆性问题要给予更多关注。

关键词：银质文物；金相组织；腐蚀产物；脆性；晶体颗粒化

Abstracts: XRD, SEM-EDS and micro-hardness were used to describe the main properties of silver Micromorphology. Identified corrosion products, observed several different types of corrosion morphology, Reveals why the silver artifacts were easily brittled. the brittleness of silver products should be pay more attention When dealing with cultural relics protection.

Key words: Silver rilics; Microstructure; Corrosion products; brittle; particles of crystal

一　引言

福建厦门仙岳路后坑村段考古发掘的陈元通夫妇墓，距今约1150年。2004年初进行考古发掘，是福建省迄今为止发现的规模最大的唐墓，也是厦门有史以来最重要的考古发现。墓中出土的60多件文物级别是厦门历来的最高档次，具有很高的研究价值。墓室出土地点在薛岭的南边，证明了开发厦门的两大姓氏——南陈北薛确实存在。

本次出土的银制品，很多纹饰是中东、波斯银器的装饰花纹，如联珠纹、鱼子地纹等，不仅展示了唐代登峰造极的金银器制作工艺，也反映了唐代社会的对外开放程度。但银器出土时，全部色泽晦暗，有的薄脆易碎，一触即碎，保存状态都极其不稳定。为了解此类文物的破损状况，更好地对文物进行保护处理，首先进行了微观结构的观察与分析。

（一）组织观察及成分分析

选用不同银发饰品掉落的碎片（约2×2毫米），编号为XM-06-1、XM-00-01、XM-05-1作为样品，经环氧树脂包埋、磨抛、重铬酸盐溶液浸蚀后，进行金相显微镜、显微硬度计和扫描电子显微镜分析。选取两段残块直接进行X-衍射和扫描电子显微镜无损检测分析。

1.组织观察

采用日本Olympus金相光学显微镜，对银质样品XM-06-1进行观察并拍摄照片（见图1）。

样品的金相组织含有等轴晶和孪晶组织，晶界平直，晶粒大小不均匀，为热锻加工组织。两侧边缘处的晶体发生变形，表明经过冷加工。

图1.2中下部的细亮条是鎏金层。

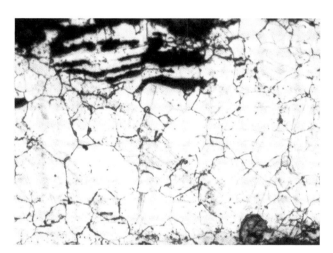

1. ×400 等轴晶和孪晶　　　　　　　　　　　　2. ×200 边缘晶粒比较小且变形

图1　XM-06-1金相组织

2.SEM-EDS成分分析

（1）SEM-EDS银及其腐蚀物成分分析

采用日立公司S-3600N型扫描电镜（SEM），加速电压20KV进行SEM-EDS成分分析。检测结果如图2-4、表1-3所示。

由表1，图2.1中（样品XM-06-01）点1的银含量接近99%，可看出此样品的银含量很高；还约有1%的氯元素存在，可知腐蚀元素已经深入金属内部。

图2.1中（样品XM-06-01）点2、3显示此区域是腐蚀区，银、氯原子比接近1∶1，可能是氯化银。由图2.2、2.3（样品XM-00-01、XM-05-1）成分分析中，也得到了相似的结论。

图2.3显示样品XM-05-1为均一相，金属已经全部转换为腐蚀产物。

（2）银内部颗粒成分分析

样品XM-06-01内部颗粒的成分分析结果如表2、图3所示。图3、表2显示金属内部还存在少

表 1   厦门陈元通夫妇墓出土银器样品的合金成分分析结果（wt%–at%）

编号	样品编号		Ag	Cl	Si	Al
图 2.1	XM-06-1	1	98.9/96.8	1.1/3.2		
		2	80.8/58.0	19.3/42.1		
		3	75.8/50.8	24.2/49.2		
图 2.2	XM-00-01	1	100/100	–		
		2	76.6/51.2	21.7/44.1		1.7/4.6
		3	73.4/47.1	25.0/48.9	0.5/1.3	1.1/2.8
图 2.3	XM-05-1	1	77.37/52.9	22.6/47.1		

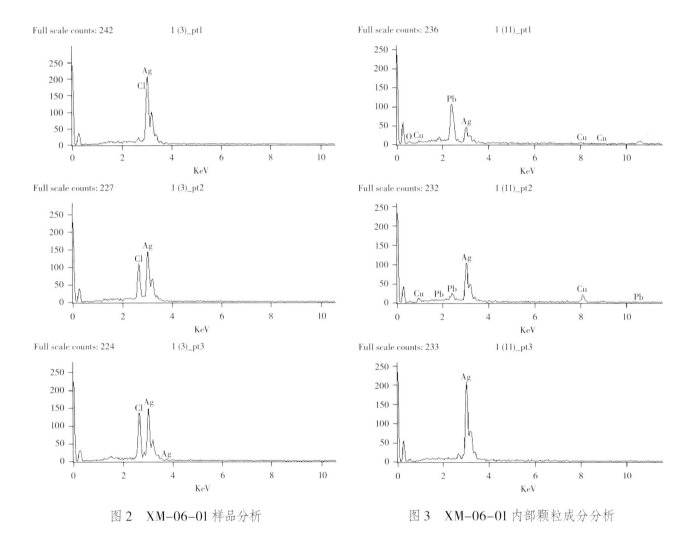

图 2   XM-06-01 样品分析   图 3   XM-06-01 内部颗粒成分分析

表 2   厦门陈元通夫妇墓出土银器内部颗粒的成分分析结果（wt%–at%）

编号	Ag	Pb	Cu
1	59.8/72.9	39.1/24.8	1.1/2.3
2	81.3/87.5	17.0/9.53	1.65/3.0
3	99.1/98.5		0.9/1.51

表3　厦门陈元通夫妇墓出土银器鎏金层的成分分析结果（wt%–at%）

	Ag	Au	Hg	Cl	Cu
1	16.6/26.7	77.6/68.3	5.8/5.0		少量
2	10.0/16.9	72.8/67.4	17.2/15.7		少量
3	90.2/75.1			9.9/24.9	

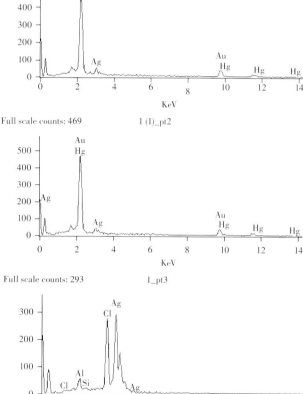

图4　XM-06-01 鎏金层分析

量银－铅颗粒，并检测出少量铜元素。图3中点1、2的银、铅颗粒没有发现明显的氧化特征及氯元素。点3检测出银含量99%，并含少量铜。从而再次证明此金属为纯度约99%的银。银、铅颗粒的存在说明在冶炼过程中或是有铅的参与，或是矿石中含有铅，结合文献记载，猜想极大可能是采用"灰吹法"冶炼。

（3）鎏金层成分分析

由表3、图4可知，鎏金层含有Au、Hg、Ag和少量Cu元素。鎏金层内部的银已经被腐蚀，出现大量氯元素。

二　物相分析

1. 银腐蚀产物 X– 衍射分析

选择小而平直的银片，编号 XM-10-01，直接放在样品台上，对表面腐蚀产物进行衍射光谱分析。X 射线衍射结果如图4，通过与标准卡片 JCPDS（085–1355）给出的 d 值进行比较，确定腐蚀产物主要是 AgCl。

2. 鎏金层 X– 衍射分析

选择小而平直的带鎏金层银片，编号 OZ-B-05，直接粘在样品台上进行检测分析。

表面鎏金层的衍射图与 PDF42–1421 卡相匹配，表明表面鎏金层的分子式是 $Au_{0.36}Hg_{0.52}Ag_{0.09}Cu_{0.02}$，表面层主要是金、银、汞、铜化合物。

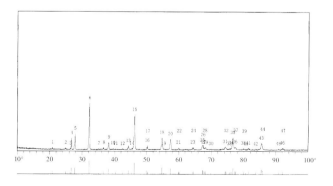

图5　X 射线衍射图谱

仪器型号：MSAL，测量条件：铜靶；狭缝：DS=SS=1°，RS=0.30MM；电压：40KV；电流：100mA

三 腐蚀形貌观察

1. 断面 SEM-EDX 观察分析

选取的小块样品，编号 OZ-B-05，用导电胶直接粘在样品台上，用 SEM 对断面进行观察分析。

从图 7.1 测量出样品总厚度约为 1.1 毫米，而腐蚀区厚度约为 0.4 毫米，腐蚀层厚度接近样品总厚度的一半。

从表 4、图 6.1 的 B、C 点可见，两侧氯元素含量很高。中心区域（金属芯部）主要是银元素，但也检测出少量氯元素。可见腐蚀元素已经渗透到金属芯部。

表 4、图 6.1 的 A、D 两点检测出少量金、铝、硅、镁等元素。而在金属的内部成分分析中却没有发现，由此判断，Al、Si 元素可能是土壤环境中的外来物。

图 6.2 是测量其内部金属晶体及晶界元素成分的数值结果。由图 6.2 的 A、B 两点可见在晶界处氯元素含量明显偏高。同时还可观察到，一些晶界处存在明显裂隙。

日立公司 S-3600N 型扫描电镜（SEM），加速电压 20KV，样品用导电胶直接粘在样品台上喷碳

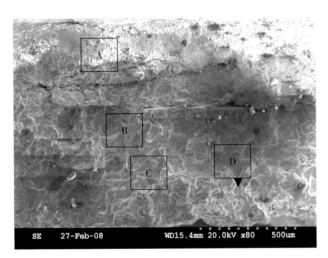

1. 扫描电镜分析 2. 扫描电镜分析

图 6 扫描电镜断面分析结果

表 4 图 6 扫描电镜能谱分析结果（Wt% / At%）

编号		Ag	Cl	Mg	Al	Si	Au
图 7.1	A	75.1/50.1	18.5/37.7	0.9/2.7	2.2/5.9	1.1/2.9	2.2/0.8
	B	96.1/86.9	1.5/4.1	1.1/4.5	0.7/2.5	0.6/2.0	
	C	96.6/88.7	2.0/5.6	1.0/4..2	0.4/1.5		
	D	86.2/65.4	10.3/23.8	1.2/4.1	1.4/4.2	0.9/2.6	
图 7.2	A	98.6/94.1	0.1/0.4	1.0/4.4	0.3/0.4		
	B	92.7/79.4	5.8/15.2	1.0/3.9	0.5/1.6		

表5 显微硬度分析结果

试样编号	1	2	3	4	5	均值	备注
XM-06-01	49.7	51.5	68.8	68.4	68.2	61.3	白色金属处
	15.2	13.9	14.3	14.7	13.8	14.4	黑色腐蚀区
XM-00-01	66.1	62.7	56.5	59.5	55.5	60.1	白色金属处
	14.3	14.7	13.8	15.1	14.6	14.5	黑色腐蚀区

后观察；EDAX 公司 DX-100 型 X 射线能量色散谱仪（EDS），工作电压 15KV。对样品进行扫描电镜形貌观察及能谱分析。

2. 显微硬度测量

样品 XM-06-01、XM-00-01，分别进行显微硬度测量。采用 Leica 显微维氏硬度计，检测依据：GB/T 4340.1–1999，检测结果见表 5。图 7 中间明亮地区硬度值约 60，暗红色区域均值约 14。明亮地区为金属本体区，其余是腐蚀区，可看出腐蚀产物的出现造成所在区域的硬度明显降低。

3. 表面腐蚀物的形成

根据 XRD、SEM 分析检测结果，在漫长的土壤埋藏过程中，银表面逐渐生成氯化银，如图 8。过程可以用电化学理论来解释。

埋藏在土壤中的银质文物，发生如下式的氧化还原反应：

$$Ag \rightarrow Ag^+ + e^-$$

$$1/2O_2 + H_2O + 2e^- \rightarrow 2OH^-$$

在局部环境中，反应物沉积在表面形成表面沉积层，一方面由于沉积层在表面对氧的迁移和扩散造成困难，因而使氧的供应量不足；另一方面由于氧在反应过程中的消耗，使得还原反应只能在氧供应充足的阴极区域进行，沉积层的下面只能进行氧化反应。随着沉积层下阳极反应的进行，使那的金属离子数量增多，为了维持体系内的电平衡，沉积层外的活性阴离子，特别是 Cl^- 会很快向内迁移，从而在沉积层下形成高浓度的氯化物盐类。盐类经水解而生成 H^+，反应过程如下式：

$$AgCl + H_2O \rightarrow AgOH + H^+ + Cl^-$$

H+ 浓度在体系中的增加，使沉积层下的金

图 7 显微镜下鎏金银制品断面的显微硬度测量图

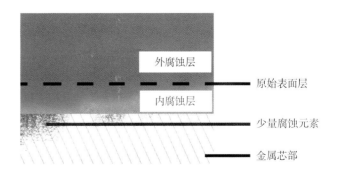

图 8 银文物的腐蚀示意图

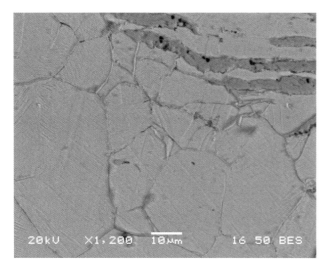

图9　晶间腐蚀

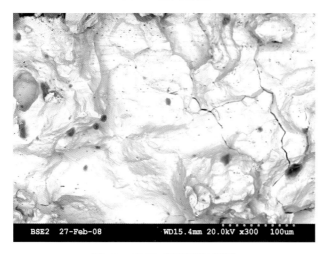

图10　SEM 断面下的裂隙

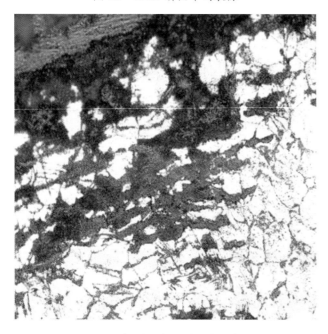

图11　变形晶体、划移带的腐蚀

属遭受更强烈的腐蚀。流向沉积层外的电流又使层外区域形成阴极保护，由此可见，这一腐蚀过程也就成了自催化过程。

少量的腐蚀元素顺晶间和划移带深入发展，如图8，直到全部转换成腐蚀物，腐蚀过程如图9所示。

AgCl 晶体的形成：由于 AgCl 在水中溶度积为 1.8×10^{-10}，容易在表面形成过饱和溶液。而相对过量的 Cl^- 促进了 AgCl 的溶解和迁移，再次促进了晶体的生成。

反应过程可用下式表示：

$Ag^+ + Cl^- = AgCl \downarrow$　　　　$AgCl + Cl^- = [AgCl_2]^-$

4. 其他腐蚀现象

存在于银内部的某些微观结构，也可能与腐蚀进度相关，可能会促进腐蚀的发展。图10~12，观察到一些可能与腐蚀有关系的现象。

图10中可看到有的晶界处存在一些裂隙。在几个样品观察中，均发现存在这种现象。这些裂隙肯定会促进腐蚀的发生和发展，具体产生的原因和作用有待深入研究。

图11显示在晶体变形区及划移带区域腐蚀相对严重。

从外部形态没有看出变化，但加工方式已经改变了内部晶体的形状，造成能量集中点，使这些区域更容易被腐蚀。

在腐蚀／金属界面区域图12中可见腐蚀层下面的巨大横向裂隙和细小纵向裂隙。这些裂隙可能是厚重的腐蚀层产生应力造成裂隙，也可能是制造时就存在缺陷。总之，在一些结构薄弱点上，也加速了腐蚀的产生和发展。

5. 小结与讨论

（1）关于银金属的面腐蚀与脆化

金相分析、X 衍射分析及扫描电镜分析确定表面的腐蚀产物主要是面腐蚀生成的氯化银。腐蚀前沿顺着晶界和结构薄弱点深入，直到金属芯也全部转换成腐蚀物。由显微硬度分析可知，腐蚀物的出现降低了金属强度。这些微观特性表现在宏观上，腐蚀的银制品易脆、易断裂。因此在对银质文物进行保护处理时，对其脆性问题，需要给予更多关注，并有针对性地采取保护修复措施。

（2）关于银金属的内部结构变化与脆化

晶间裂隙的出现也造成金属强度降低，可能导致银文物的脆化。

晶间裂隙降低了金属间结合力，有人称为颗粒化现象。有的学者归于晶间偏析，有的认为是

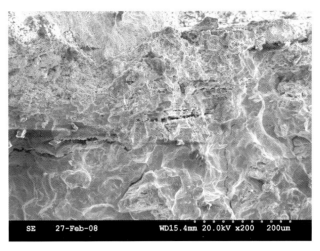

图 12　腐蚀／金属过渡区的腐蚀

微量元素低温沉淀造成。在本次检测分析中，没有观察到元素在晶界的沉积现象，因此不是元素沉积造成的，也没有发现明显的晶间偏析现象，其产生原因有待进一步研究。

（3）关于银文物的鎏金层

元素分析显示鎏金层含有一定量的银、汞等元素，说明鎏金过程采用了金汞齐，为中国传统火法鎏金工艺制造。衍射分析证明金汞齐而成的鎏金层是金、银、汞、铜化合物，分子式是 $Au_{0.36}Hg_{0.52}Ag_{0.09}Cu_{0.02}$。

三　结论

综上所述，通过对 4 个断面（均为发饰品）和 2 个截面的检测分析，证明所检测银制品银含量接近 99%，是采用纯度很高的银金属制造。表明此时的冶炼技术已经很成熟，能得到很纯的银金属。检测出少量铅－银－铜颗粒，铅－银－铜颗粒的存在及结合文献判断，银可能是采用"灰吹法"冶炼。

金相分析表明所检测发饰品为热锻后又经过冷加工处理。表面鎏金层采用了金汞齐法，为中国传统火法鎏金工艺制造。鎏金层可用分子式 $Au_{0.36}Hg_{0.52}Ag_{0.09}Cu_{0.02}$ 表示。

银金属在漫长的埋藏过程中，表面的沉积腐蚀和结构薄弱点腐蚀，互相促进，使腐蚀不断发生、发展，直到全部转变为腐蚀产物。腐蚀产物为氯化银。表面腐蚀和晶间腐蚀的协同作用，以及晶间裂隙的产生，是银文物的在宏观上产生脆性问题的根源。在对银文物保护处理时，对其脆性问题，需给予更多关注并采取适当措施。

致谢：

杨森协助做 X 光探伤检测分析，张治国协助做部分电镜分析，同时受到中国文化遗产研究院文物保护研究所各位领导与同事的帮助，在此一并表示感谢。

参考文献

1. Beautiful Artifacts from and His Wife's Tomb. www.86art.net/Article/art/gd/200712/.

2. 马清林，David A. Scott：《甘肃省肃南大长岭唐墓出土鎏金银杯金相学研究》，《2002 年材料科学与工程新进展》，冶金工业出版社，2002 年。

3. Russell Wanhill, Embrittlement in Archaeological Silver Artifacts: Diagnostic And Remedial Techniques, *Archaeotechnology*, 2003, October: 16-19.

4. G. Giovannelli and S. Natali, Microstructural Characterization of Early Western Greek Incuse Coins, *Archaeometry* 47, 4 (2005): 817~833.

5. 马清林等编著：《中国文物分析鉴别与科学保护》，科学出版社，2001 年。

Maqing lin et al, *China's Cultural: Analysis, Identification and Scientific Protection*, Science Press, 2001.

6. 马里奥·米凯利等：《文物保护与修复的问题》，科学出版社，2005 年。

Mario Mikkeli et al, *The Issue of Heritage Conservation and Restoration,* Science Press, 2001.

7. 祝鸿范等：《银器文物的变色原因及防变色缓蚀剂的筛选》[J]，《文物保护与考古科学》，2001 年 13 期。

Zhu Hongfan, et al., Tarnishing of Silver Antiques and Screening of Corrosion Inhibitors in its Prevention [J]. *Sci Conserv Archaeol*, 2001, 13 (1): 15-16.

8. 贾文忠：《银器保养小常识》[N]，《中国艺术报》第 403 期。

Jia Wenzhong. Knowledge of Care for Silver Objects: *China Art*.

9. 罗曦芸等：《陈列银币变色原因初步分析》，《文物保护与考古科学》2006 年 18 期。

Luo Xiyun et al., A Preliminary Analysis of the Discoloration of Silver Coins in Museum Exhibitions, *Science of Conservation and Archaeology*, 2006 Vol. 18 No. 2: 14-19.

10. 肖璘等：《四川彭州出土窖藏银器的锈蚀物分析和保护方法研究》，《第六届全国考古与文物保护化学学术会议论文集》，2000 年，第 43~45 页。

Xiao Lin et al., Pengzhou Silverware Analysis and Research, *The Sixth National Archeology and Preservation of Chemical Academic Conference,* 2000, Fujian quanzhou: 43-45.

11. 李存信：《金银器物的处理修复与保护》，《中国文物保护技术协会第二届学术年会论文集》：1~5。

Li Cunxin, Restoration and Protection of Gold and Silver Relics, *The Second Session of the Academic Technology Association Symposium of China's Cultural Relics*: 1-5.

12. 张光敏等：《松江西林塔地宫出土金饰银、铜质佛像表面处理》，《第六届全国考古与文物保护化学学术会议论文集》，2000 年，第 66~71 页。

Zhang Guangmin et al., Surface Treatment on Gold Silver from Xilinta of Songjiang, *The Sixth National Archeology and Preservation of Chemical academic Conference*, 2000, Fujian quanzhou: 66-71.

13. R. J. H. Wanhill, *Archaeological Silver Embrittlement: A Metallurgical Enquiry,* national aerospace laboratory NLR technical publication NLR-TR-2002-224 (Amsterdam: national aerospace laboratory NLR, 2002).

14. 李秀辉等：《永城梁孝王寝园及保安山二号墓出土金属器物的鉴定》，《中国冶金史论文集》（三 A），2002 年，第 195~202 页。

Li Xiuhui et al., Identification of Metal Artifacts from the King of Liangxia and Baoan Mountain 2nd Tomb, *Essays of China Metallurgical History* (三 A) 2002:195-202.

15. 杨忙忙等：《法门寺金银器的科学保护与技术研究》，《考古与文物》2006 年第 3 期。

Yang Mangmang et al., The scientific and Technological Research on Gold and Silver Cultural Relics from Famen Temple, *Archaeological and Cultural Relics*, 2006 (3): 82-86.

16. R. Wood, To Protect and Preserve, *Materials World*, 8 (2000): 30-32.

福建唐代陈元通夫妇墓出土铜棺钉制作工艺分析

项目名称：福建唐代陈元通夫妇墓出土文物保护修复报告

实施地点：中国文化遗产研究院保护科学技术研究所

委托方：厦门文化遗产保护中心

承担方：中国文化遗产研究院

项目负责人：马菁毓

项目参加人：张可　付永海　程博

起止日期：2008 年 1 月至 2009 年 4 月

一　表面形貌及 X 探伤分析

所用软 X 射线机由日本索福泰克斯株式会社制造，SOFTEX，VIX-150，配数字采集成像系统。样品室尺寸：2100×1500×1735 毫米（W×D×H）；靶面材料：钨；最大电流 3mA，最大电压 150KV；X 射线照射最大直径 170 毫米。经过多次尝试后，采用如下条件：电压 148KV；电流 1.13mA。X 光成像图如下。

检测分析结果：从图 1-4 正视图可见鎏金泡钉上存在较多的孔洞，这种孔洞多见于铸造组织。从图 1-3 侧视图见铁钉与铜钉帽存在明的搭接结构。图 1-2 目测搭接处没有发现焊接痕迹及焊接腐蚀物痕迹。初步判定为铁钉铸接于铜帽上。

二　铜棺钉金相分析

Leica 光学显微镜分析，目镜 10×。分别在厚度不同的两个残铜棺钉上获取微小的样块作为实验样品。青铜样品编号为：BPH、BPB。铁钉编号 BPT：为样品经过镶样、打磨、抛光，在金相显微镜下观察金相组织并拍摄照片。见图 2~4。

1.铜棺钉青铜帽金相分析

1. 出土铜棺的正面

2. 出土铜棺的背面

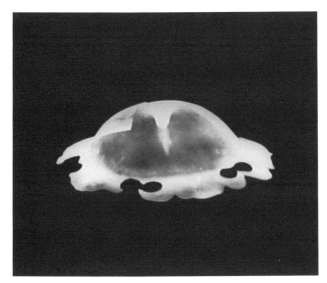

3. X 探伤侧面图

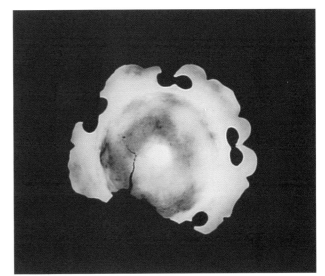

4. X 探伤正面图

图 1　保存现状图

从图 1 看，从断面看为铸造青铜 α 固溶体，晶粒边界有一定量的黑灰色点状铅相及少量 α＋δ 共析组织，并有部分疏松空洞分布于晶界处。

从图 2 看，从断面看主要为铸造青铜的 α 固溶体相，存在树枝晶偏析并有少量黑色铅。

2. 铜棺钉上的铁钉金相分析

样品大部分区域腐蚀严重，有严重的腐蚀裂纹和腐蚀坑，仅仅有很小的区域残存金属部分。从边界到中心分别为铸造的柱状晶区和等轴晶区。

三　总结

根据以上分析，铁钉与铜钉帽为铸接结构。

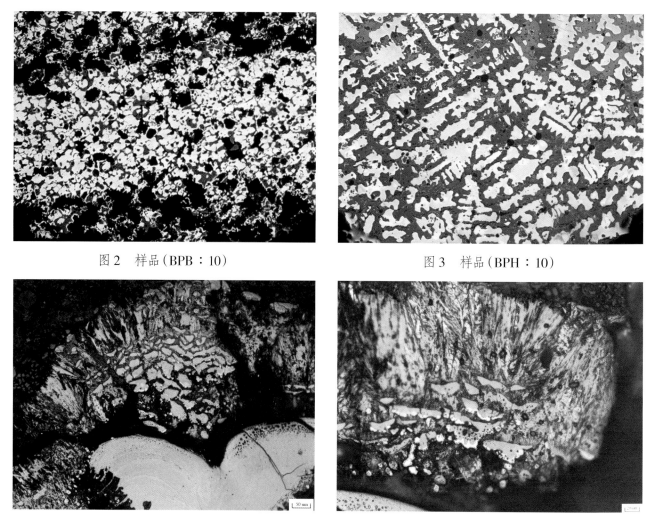

图 2　样品（BPB：10）　　　　　　　　图 3　样品（BPH：10）

图 4-1　铁钉（BPT：20）　　　　　　　图 4-2　铁钉（BPT：10）